Adorer en esprit et en vérité

La série *L'Epée de l'Esprit*:
1.   *La prière efficace*
2.   *Connaître l'Esprit*
3.   *Le règne de Dieu*
4.   *Une foi vivante*
5.   *La gloire dans l'Église*
6.   *Le ministère de l'Esprit*
7.   *Connaître le Père*
8.   *Atteindre les perdus*
9.   *Ecouter Dieu*
10. *Connaître le Fils*
11. *Le salut par la grâce*
12. *Adorer en esprit et en vérité*

www.swordofthespirit.co.uk

Copyright 2007, 1997, auteur Colin Dye.
Deuxième édition en anglais
Copyright 2015, 1997, auteur Colin Dye
Première édition en français

Kensington Temple
KT Summit House
100 Hanger Lane
London, W5 1EZ

Tous droits réservés. Aucune partie de cette publication ne peut être reproduite, enregistrée ni transmise sous quelque forme que ce soit, par un moyen électronique, mécanique, photocopie, ou autre, sans la permission écrite de l'auteur.

Les citations bibliques, sauf mention spéciale sont tirées de la version Segond Révisée 1975.

L'Epée de l'Esprit

Adorer en esprit et en vérité

Colin Dye

Sommaire

Introduction	7
1. La priorité du Père	11
2. Louange et adoration	25
3. L'adoration dans l'Ancien Testament	41
4. L'adoration dans les Psaumes	55
5. L'adoration dans le Nouveau Testament	69
6. Service et adoration	87
7. Donner et adorer	97
8. Se réjouir et adorer	113
9. L'adoration et la créativité	127
10. Le Saint-Esprit et l'adoration	143

Introduction

Le culte d'adoration aujourd'hui revêt probablement plus de formes qu'à tout autre moment de l'histoire de l'église.

Il n'y a pas plus que 30 ans de cela, l'adoration dans l'église anglicane était basée sur la liturgie du livre de prière de 1662, la plupart des messes catholiques se disaient encore en latin et beaucoup d'églises évangéliques se calquaient sur la mode des « trois cantiques une prière ». Pratiquement toutes les réunions étaient conduites par les ministères reconnus, l'organiste régnait en maître et les femmes n'avaient pas de rôle de leader. Bien qu'il y eut différents recueils de cantiques selon les dénominations, ils contenaient des chants similaires – peu d'Eglises chantaient des hymnes ou des chansons modernes.

Toutefois durant les quarante dernières années, la louange est passée par une révolution. Par exemple les réunions sont devenues plus informelles. Elles sont conduites par un nombre plus grand d'intervenants et beaucoup d'instruments de musique. Ils utilisent une liturgie moderne et mêlent les cantiques traditionnels à des chants plus contemporains.

Ces changements ont reflété l'évolution de la société occidentale vers moins de formalisme, ainsi qu'un nouvel attrait pour la musique des années 70. Toutefois on peut aussi y discerner une œuvre authentique du Saint-Esprit dans ce qu'on a appelé le « renouveau charismatique ».

Suite à ces transformations dans le style de la louange, il y a eu beaucoup de discussions (et de désaccords) sur la place des dons spirituels, le rôle des femmes dans l'église, l'équilibre entre une liturgie préparée et la spontanéité, l'utilisation de la dance ou du mime, la place de la Sainte Cène, différents styles de louange, les styles de musique acceptables ou non, etc…

Adorer en esprit et en vérité

Toutefois on a attaché beaucoup moins d'importance aux principes bibliques qui sont sous-jacents à l'adoration. En se concentrant sur la forme plus que sur le fond, sur les détails de la modernisation du style plus que sur les principes du style, certaines assemblées ont mis la charrue avant les bœufs.

Ce livre a donc été écrit pour les croyants qui ont soif d'étudier la Parole de Dieu afin d'apprendre les principes de l'adoration en Esprit et en vérité. Ce livre s'adresse aux chrétiens qui désirent dépasser le débat qui concerne le style et la forme pour découvrir ce que la Bible entend par adoration, ainsi que les principes éternels de Dieu sur la manière dont il veut que nous répondions à sa grâce.

Il y a un matériel supplémentaire qui est mis à votre disposition pour faciliter votre apprentissage. Le fascicule « Révision des Connaissances », ainsi que des séries de questions sous forme de quiz ou d'examen vous permettrons de tester, mémoriser et d'appliquer vos connaissances.

Vous pourrez aussi utiliser l'additif « Révision des Connaissances » avec un petit groupe. Libre à vous de sélectionner dans la prière le contenu des suppléments du cours qui vous paraît le plus adapté à votre groupe. Cela signifie que selon les réunions vous pourrez utiliser tout ou une partie du matériel disponible. Vous êtes encouragés à utiliser votre bon sens et votre discernement spirituel. Sentez-vous libres de photocopier ces pages et de les distribuer aux groupes que vous pourriez diriger.

Quand vous aurez fini d'étudier ce livre, je prie que vous ayez commencé à apprécier à quel point l'adoration biblique dépasse de loin ce que vous faites au culte du dimanche matin. Je prie que vous puisiez saisir que Dieu désire que chacune de vos paroles et de vos actions soient motivées par une sainte crainte et un amour plein d'adoration.

Plus que cela, je prie que vous soyez inspirés pour faire de l'adoration votre priorité. Nourrissez vos pensées par sa vérité, enflammez votre imagination avec sa beauté, libérez-vous dans son amour, suivez son exemple parfait, et soumettez

Introduction

fermement votre volonté à ses plans – soyez heureux en Dieu et adorez-le pleinement en esprit et en vérité.

Colin Dye

Chapitre Un

La priorité du Père

Le titre de ce douzième volume de la série *Epée de l'Esprit* est tiré d'un simple verset de l'Ecriture, des paroles que Jésus adresse à la femme pécheresse qu'il avait rencontrée au puits de Sychar.

Jean 4 décrit la rencontre d'évangélisation entre Jésus et cette femme. Nous voyons dans *Atteindre les Perdus* comment il est entré en contact avec elle en se rendant dépendant de l'aide de cette femme. Nous découvrons également qu'il a éveillé sa curiosité en faisant allusion à quelque chose de plus satisfaisant que son expérience quotidienne et comment il a soulevé le problème qui se trouvait au cœur de sa vie.

La situation devenait embarrassante d'après l'esquive de la femme au verset 20. Elle détourna le sujet sur une question de religion. Les Samaritains avaient leur opinion sur le lieu où il fallait adorer.

Toutefois Jésus ne méprise pas sa question. Aux versets 12 à 24, il traite du sujet en des termes qui démontrent de manière définitive la priorité que le Père met sur l'adoration.

Ces paroles de Jésus adressées à une femme de mauvaise vie révèlent le cœur éternel de Dieu envers les pécheurs. En déclarant que le Père recherchait des adorateurs, il déclarait que le Père recherchait des hommes et des femmes pécheurs qui l'adoreraient en esprit et en vérité.

Comme pour plusieurs autres sujets que nous considérons dans cette série, l'adoration est entièrement l'initiative du Père. C'est sa volonté et son but. C'est lui qui recherche activement des adorateurs pour lui-même, attirant des croyants ensemble pour l'adorer et nous persuadant que c'est là sa volonté pour nous.

Adorer en esprit et en vérité

Cela signifie que la véritable adoration, du début à la fin est toujours la réponse de l'homme à l'initiative de Dieu. Elle n'est jamais une simple action humaine cherchant à attirer l'attention de Dieu. C'est précisément à cette même conclusion que nous sommes amenés dans bien d'autres domaines de la « Parole et l'Esprit » que nous traitons dans la série *Epée de l'Esprit*.

C'est Dieu qui marche dans le jardin à la recherche d'Adam et Eve suite à leur péché. C'est lui qui leur offre des habits de grâce tachés de sang. C'est Dieu qui parle à Noé, fait alliance avec lui et sauve sa famille au temps du jugement en le poussant à l'adorer. C'est Dieu qui appelle Abraham et l'attire dans le pays de Canaan. C'est Dieu qui conduit Israël hors d'Egypte, à travers la Mer Rouge, à travers le désert jusqu'au pays promis. Et de manière ultime, c'est Dieu qui, en Christ sur la croix, attire tout le monde à lui – comme nous le voyons dans Jean 12:32.

L'ancienne promesse de l'alliance: « Vous serez mon peuple et je serai votre Dieu », se retrouve comme un fil rouge de la Genèse à l'Apocalypse. La Bible souligne en effet à plusieurs reprises les efforts du Père pour initier, restaurer et maintenir la communion avec ses enfants.

Dieu est vraiment comme le père dans la parabole de Jésus sur le Fils prodigue. Lorsqu'il voit son fils arriver de loin, il court vers lui et l'accueille à la maison avec des cris de joie et une célébration démesurée.

Adorer – en esprit
Adorer « en esprit » est toujours une réponse hésitante et démesurée suite à une expérience personnelle de l'amour plein de grâce du Père. Cette adoration ne s'élève en nous que lorsque le Saint-Esprit touche notre esprit.

En eux-mêmes des rites bien ordonnés et des formules toutes faites ne peuvent produire cette adoration en esprit. Par exemple, nous pouvons avoir de très bons chants et des musiciens doués, une bonne technique et un style culturellement pertinent, un ordre de cérémonie bien préparé

La priorité du Père

et des leaders plein de sagesse. Mais nous n'adorerons pas Dieu en esprit à moins que le Père ne nous attire à lui et que le Saint-Esprit touche notre esprit humain.

Nos chants, notre louange, nos danses, notre méditation et toutes ces choses peuvent nous conduire vers l'adoration. La véritable adoration n'aura lieu que lorsque notre esprit aura été attiré par Dieu vers le Père et aura été enflammé par l'œuvre de l'Esprit de vérité. L'accent n'est donc pas mis sur les formes extérieures mais sur l'état d'esprit dans lequel nous adorons Dieu.

Notre livre ne traite pas des formes modernes d'adoration ni des techniques dernier-cri pour la conduite de la louange. Il ne se fait pas l'avocat d'un style d'adoration particulier – car le Nouveau Testament ne prescrit jamais de méthode ni n'exige aucune forme spéciale.

Plutôt que cela, ce livre étudie la Bible pour trouver la manière dont le Père attire les hommes à lui avec grâce, et pour considérer comment Dieu s'attend à ce que nous lui répondions dans son amour.

Adorer – en vérité

Dans sa lutte avec le diable sur une haute montagne, rapportée dans Matthieu 4:10, Jésus a montré clairement qui nous devions adorer et qui nous devions servir. C'est le Dieu unique et vrai de la Bible, le Dieu d'Abraham et d'Isaac, le Dieu vivant parfaitement révélé en Jésus-Christ.

Exode 20:3-5 montre que les deux premiers commandements de Dieu à Israël exigent une adoration exclusive. Le premier montre qui nous devons adorer de manière exclusive, et le second révèle comment nous devons l'adorer de manière exclusive. Nous devons reconnaître toutefois qu'il y a deux aspects dans ce que nous devons faire pour mettre le vrai Dieu avant tous les autres dieux:

- ◆ Nous ne devons rien honorer ni adorer plus que le vrai Dieu.

Adorer en esprit et en vérité

♦ Nous devons connaître le vrai Dieu correctement si nous voulons pouvoir l'adorer par-dessus tout.

De même que nous ne pouvons adorer Dieu « en esprit » si nous n'avons pas été touchés par l'Esprit, de même nous ne pouvons l'adorer « en vérité » si nous ne connaissons pas la vérité à son sujet. Adorer « en esprit » devrait être notre réponse fervente à ce que Dieu a fait dans la création et le salut. Adorer « en vérité » dépend de notre connaissance du Père, du Fils et de l'Esprit dans la plénitude de la révélation biblique. Adorer « en vérité » correspond à une adoration qui est guidée et régulée par la Parole de Dieu, car la véritable adoration dépend de la révélation de Dieu et non simplement de la sincérité des motivations ou de la ferveur des émotions.

La véritable adoration n'est pas une activité émotionnelle sans buts – c'est un acte étroitement concentré sur le seul vrai Dieu. Si nous voulons vraiment l'adorer en esprit et en vérité, nous devons faire tous nos efforts pour le connaître mieux. Cela signifie que nous devons continuer à étudier la révélation de lui-même qu'il donne au peuple d'Israël ; que nous devons continuer à méditer sur tous les attributs divins qu'il nous révèle dans sa Parole écrite; et que nous devons continuer à contempler sa merveilleuse révélation de lui-même en Jésus-Christ.

Lorsque nous saisissons la grande histoire de salut du Père, lorsque nous sondons ses alliances inviolables, apprécions sa grâce et sa miséricorde infinies… comment ne pas commencer à l'adorer en esprit et en vérité?

L'adoration, notre priorité

Dans Marc 12:28-34, Jésus résume tous les commandements en deux ordres, et il explique qu'aimer le Seigneur, le seul Dieu, de tout notre être est le commandement divin le plus important. Si Dieu doit être le « Seigneur » de notre vie, l'adoration doit être notre priorité.

Jésus montre ensuite que la seconde exigence placée sur nos vies est de servir les autres avec la même passion que nous avons pour nous-mêmes. Deux principes importants sont ainsi établis:

- ◆ Adorer Dieu et servir les autres sont deux choses étroitement liées dans les buts de Dieu
- ◆ Adorer Dieu vient en premier, servir les autres vient en deuxième.

Selon Jésus, l'adoration est le plan principal de Dieu pour l'humanité: il nous a créés pour l'adorer et jouir de sa présence. Le service découle de l'adoration. Il est ancré dans l'adoration. Mais il n'est pas un substitut pour l'adoration. Nous devons faire attention. Nos activités pour Dieu ne doivent pas devenir ennemies de notre adoration de Dieu.

Les prêtres de l'Ancien Testament et les Lévites étaient mis à part pour servir Dieu et leur ministère envers Dieu avait la priorité sur tout autre travail. La vision eschatologique d'Ezéchiel du « nouveau temple » montre que le même principe s'applique à la fin des temps: Ezéchiel 44:15 prophétise que les prêtres seront encore pour l'essentiel appelés à s'approcher de Dieu et à exercer un ministère personnel envers lui.

Pour nous aujourd'hui, cela signifie que nous devons nous assurer de ne pas être occupés à servir les autres et à répondre à leurs réels besoins au point de négliger notre ministère personnel envers Dieu dans la louange et l'adoration.

L'adoration – avec la confession
Chaque fois que nous considérons avec attention Dieu et ses plans, nous sommes nécessairement attirés par lui dans le lieu de la confession. Comme le prophète, dans Esaïe 6:5, nous apprécions la vérité de notre propre état de péché que lorsque nous contemplons la sainteté absolue de Dieu. Nous ne découvrons notre nature changeante que lorsque nous faisons face à sa fidélité et notre culpabilité ne nous apparaît clairement que lorsque nous regardons à sa grâce…

Il est évident que nous adorons Dieu non seulement à cause de ce qu'il est, mais aussi à cause de ce qu'il a fait

Adorer en esprit et en vérité

et de ce qu'il est en train de faire. Le Dieu de la Bible est le Dieu qui intervient dans l'histoire et les vies humaines. Il est vivant, il parle, il sauve, il guérit, il délivre, il juge, conquiert et pardonne. C'est le Dieu qui agit autant que le Dieu qui est. Sa bonté, sa fidélité, sa justice, son amour, sa sagesse, sa patience et sa miséricorde intrinsèques sont illustrées par des œuvres puissantes dans toute la Bible, et dans nos vies.

Chaque fois que nous considérons les œuvres de puissance du Seigneur (les compassions dont il est parlé dans Romains 12:1), nous devrions être poussés à l'adorer en esprit et en vérité.

Adorer – avec sincérité

La véritable adoration ne peut venir que d'un cœur sincère. Des passages tels que Psaume 24:4; 50:8-23, Proverbes 15:8; 21:27, Esaïe 1:11; 29:13; 58:1-14; 66:1-4, Jérémie 6:20; 7:21-28, Osée 8:11-13, Amos 5:21-24, Michée 6:6-8 et Matthieu 15:7-8 montrent clairement que Dieu a de la haine pour tout ce qui peut ressembler même de loin à une apparence religieuse.

Au lieu de cela, Dieu est à la recherche d'actes concrets dans la vie de ses adorateurs, et non de gestes symboliques. Il regarde à la pureté intérieure des cœurs et non aux rituels extérieurs. Dans les Psaumes, Dieu appelle son peuple à s'approcher de lui avec des mains pures, un cœur pur et un esprit contrit et brisé. Hébreux 10:19-22 souligne que cela n'est possible que par le sang de Jésus, et nous étudions cet aspect dans *Le Salut par Grâce*.

Nous nous concentrerons sur Philippiens 3:3 dans le chapitre 10. Toutefois nous devrions retenir de ce passage que lorsque nous offrons une adoration vraie, agréable et acceptable pour Dieu, celle-ci devrait être basée sur notre dépendance de l'Esprit de Dieu et non sur une confiance en nous-mêmes.

Adorer – avec une attente

La vraie adoration est toujours une réponse humaine à l'initiative pleine de grâce de Dieu. Pour cette raison, nous

La priorité du Père

pouvons nous attendre à expérimenter la réalité de Dieu lorsque nous nous approchons de lui pour l'adorer en esprit et en vérité.

Nous verrons aux chapitres 3 et 5 comment les membres du peuple de Dieu – dans les deux Testaments – savaient qu'ils rencontreraient Dieu lorsqu'ils se rassemblaient pour l'adorer. Ils s'attendaient à ressentir son amour, entendre ses saintes paroles. En effet ils venaient l'adorer *en réponse à son appel*.

Chaque fois que Moïse entrait dans le Tabernacle, il savait qu'il avait été convoqué pour rencontrer le Dieu tout-puissant, omniscient et qui fait des miracles. Il savait que la présence de Dieu serait si forte qu'elle ferait briller son visage du reflet de la gloire divine.

Plus tard, chaque fois que les souverains sacrificateurs entraient dans le saint des saints au jour du Grand Pardon fixé par Dieu, ils se glissaient derrière le voile avec une sainte et très réelle crainte, parce qu'ils savaient qu'ils entraient dans la présence localisée du Dieu très saint.

Il en était de même dans la première Eglise. Les premiers croyants étaient remplis d'une attente sainte lorsqu'ils se rencontraient pour adorer Dieu. En effet, ils savaient que certains d'entre eux étaient tombés mort dans sa présence, que d'autres étaient ressuscités par sa présence, et qu'au moins deux de leurs bâtiments avaient littéralement tremblés dans sa présence.

Lorsque les premiers chrétiens se retrouvaient pour adorer, ils savaient que le voile du temple avait été déchiré en deux au moment de la mort de Christ et que – comme Moïse et les souverains sacrificateurs – ils allaient entrer dans le lieu très saint.

Ils savaient qu'ils étaient attirés dans cette présence terrible et pourtant pleine de grâce, la présence de Dieu. Ainsi ils étaient certains que quelque chose d'extraordinaire devait se passer une fois encore!

Adorer en esprit et en vérité

Adorer – notre relation

Comme nous le verrons au chapitre 8, en nous appelant à adorer, Dieu nous appelle à être heureux en lui, à nous réjouir de sa présence, à nous joindre au Père, au Fils et à l'Esprit de Dieu dans la joie éternelle qu'ils ont à être ensemble.

Cela signifie que le but de notre adoration est toujours la présence du Dieu trinitaire, que notre appel à adorer est toujours un appel à approfondir notre relation avec Dieu et que notre adoration est la juste expression de notre relation rachetée avec Dieu.

Dans l'Ancien Testament, comme nous le verrons au chapitre 3, la vraie adoration prend place dans le lieu secret du tabernacle et du temple, dans le saint des saints, derrière le voile – dans la présence tangible et localisée de Dieu sur la terre. Nous verrons au chapitre 5 que le Nouveau Testament fait l'application de ces images de l'adoration pour souligner que les croyants sont – à la fois sur le plan individuel et corporatif – des tabernacles et des temples de l'Esprit pis à part pour l'adoration.

Le Père désire notre communion et recherche notre adoration – c'est pourquoi il nous a créés et nous a rachetés. Cette « adoration relationnelle » est le fondement du concept de la filialité. Etre enfant de Dieu consiste à reconnaître qui Dieu est et ce qu'il a fait de nous. Cette notion est essentielle dans notre relation avec lui. Quand nous reconnaissons Dieu dans la plénitude de sa nature, quand nous lui donnons l'adoration due à son nom, nous grandissons dans notre relation avec Dieu.

Mais nous n'adorons pas Dieu avec une arrière-pensée égoïste. Plutôt que cela nous adorons Dieu pour le bénir. Il aime, il désire être en communion avec nous. C'est pour cette raison qu'il nous a faits et rachetés. Il se réjouit profondément dans notre compagnie, notre intimité et notre conversation.

Le désir principal de Dieu à notre sujet est qu'ensemble avec lui nous nous réjouissions dans le lieu secret. Il désire que nous entrions pleinement dans la présence l'un de l'autre, que nous développions une relation face à face durable, que nous l'adorions en esprit et en vérité.

Le leader de l'adoration
Une adoration sincère est essentiellement une réponse humaine à une initiative divine. Il devrait être clair que l'adoration en esprit et en vérité doit toujours être conduite et dirigée par Dieu lui-même.

Lorsque Moïse plaidait avec Pharaon pour permettre aux Israélites de passer quelques jours dans le désert à adorer Dieu, il du expliquer au roi égyptien qu'ils ne sauraient pas quelle forme prendrait leur adoration avant d'avoir atteint le lieu désigné pour l'adoration.

Exode 10:24-26 établit un principe biblique important. Si le peuple de Dieu veut vraiment plaire au Dieu vivant dans l'adoration, ils doivent lui permettre de diriger lui-même leur adoration.

Cela signifie que la vraie adoration chrétienne ne connaît qu'un seul leader réel, Dieu, en Christ, par l'Esprit. Tous les « leaders » humains de temps d'adoration ne sont que des « sous leaders » qui sont appelés à transmettre la direction personnelle de Dieu pour l'adoration et non pas leurs propres goûts ou idées dans le domaine.

Lorsque Dieu attire son peuple dans l'adoration, il est lui-même présent parmi eux au moment où ils l'adorent. Il n'est pas un inspecteur passif qui évalue leur adoration pour vérifier qu'elle répond à ses exigences. Au lieu de cela, par l'Esprit, il est un participant actif dans l'adoration. Il parle par son Esprit dans les cœurs des adorateurs, hommes et femmes, au moment où ils l'adorent, et il leur fait connaître sa présence. Il enseigne, guide, reprend et console les adorateurs, chaque fois qu'ils répondent à son appel à l'adorer lui, en esprit et en vérité.

Dans l'adoration, nous ne faisons pas que lire quelque chose à propos de Dieu de manière théorique dans les Ecritures, nous le connaissons d'expérience car il se révèle lui-même à notre esprit de toutes sortes de manières. Nous verrons au chapitre

Adorer en esprit et en vérité

trois comment, dans l'Ancien Testament, Dieu révélait sa gloire à l'heure de l'adoration. Et nous voyons dans *La Gloire dans l'Eglise* comment Dieu veut encore révéler sa gloire au monde par l'église – nous considérons cela aux chapitres 6, 7 et 8.

Cela signifie que nous ne célébrons pas seulement Jésus comme notre Sauveur et Rédempteur quand nous l'adorons, nous l'expérimentons aussi comme notre prophète, notre prêtre et notre roi.

Par l'Esprit, Jésus vient parmi nous dans notre adoration pour nous enseigner sur la justice, nous nourrir et nous sanctifier avec sa parole de vie, et nous donner sa puissance pour faire ce qui est juste.

Nous voyons dans cette série *Epée de l'Esprit* que Dieu agit toujours de manière cohérente avec lui-même. Il est toujours vrai vis-à-vis de chaque aspect de sa nature. Cela signifie que lorsqu'il vient parmi nous dans l'adoration, il est présent dans la plénitude de chaque aspect de son caractère.

Le résultat, c'est que nous devrions nous attendre à expérimenter l'amour de Dieu et sa grâce, sa vérité et sa miséricorde, sa consolation et sa puissance, sa liberté et sa maîtrise de soi, sa guérison et son humilité, etc. chaque fois que nous répondons à son appel à l'adorer.

Parce que Dieu lui-même est avec nous lorsque nous l'adorons, il est avec nous dans toute sa puissance, tout son amour, toute sa grâce, toute sa vérité. Et parce que Dieu nous dirige lorsque nous l'adorons, nous devrions nous attendre avec confiance à ce que chaque aspect de sa nature soit révélé dans l'adoration.

Il semble donc que des miracles de grâce et de puissance devraient être la règle et non l'exception lorsque nous adorons en esprit et en vérité. Les guérisons du corps et de l'esprit devraient se produire naturellement et les dons de grâce accompagnés de l'humilité divine devraient presque être courants.

Dieu décide

Le principe biblique selon lequel « le peuple de Dieu doit permettre à Dieu de diriger leur adoration s'ils veulent lui plaire avec leur adoration » signifie que lui seul décide quels hommes et quelles femmes, quels dons naturels et quels dons surnaturels doivent être utilisés dans l'adoration.

Dans l'adoration publique, des personnes prêchent, prophétisent, chantent, prient, donnent, arrangent les fleurs, lisent les Ecritures, jouent un instrument, nettoient les chaises, ramassent les cantiques, font l'accueil etc. seulement s'ils sont appelés personnellement et dirigés par le vrai leader de l'adoration. De cette manière nous pouvons être sûrs que l'adoration ne sera pas le prétexte d'une promotion personnelle ni le moyen d'assurer la réputation d'un homme. Seul le Dieu saint est glorifié dans l'adoration lorsque celle-ci est offerte en esprit et en vérité.

Chaque aspect de l'adoration publique est là pour démontrer que Dieu est le seul initiateur et le vrai leader de l'adoration:

- Chaque don spirituel devrait révéler que Christ a tout le contrôle: qu'il donne ce qu'il choisit, quand il le veut, comme il le veut, par l'intermédiaire de son choix.

- Chaque parole prononcée devrait respirer la vie de Dieu dans l'adoration et édifier les adorateurs parce que celui qui parle a été inspiré pour le faire et que son inspiration vient exclusivement de l'Esprit qui donne la vie.

- Chaque acte discret de service devrait produire l'adoration avec l'amour et l'humilité de Dieu, parce que le serviteur a été poussé à agir seulement par l'Esprit de Dieu qui s'efface lui-même.

- Chaque miracle de puissance devrait enthousiasmer les adorateurs et leur inspirer le plus grand respect parce qu'il pointe seulement sur la compassion et

Adorer en esprit et en vérité

la miséricorde de Dieu et non sur une technique humaine ou sur un intermédiaire qui cherche sa propre gloire.

Notre réponse

Comme nous le verrons au chapitre 3, le peuple de Dieu dans l'Ancien Testament est venu devant Dieu dans l'adoration non seulement pour le louer et l'adorer mais aussi pour être purifié et transformé par Dieu. Ils savaient qu'ils ne pouvaient se tenir dans la présence sainte du Dieu tout-puissant et rester les mêmes. En fait, nous pouvons presque dire que si nous n'avons pas été changés par l'adoration, c'est que nous n'avons pas vraiment adoré en esprit et en vérité.

De même que la véritable adoration commence dans une sainte expectative, de même elle se termine dans une sainte obéissance. L'adoration n'est pas un moyen pour échapper aux rigueurs de la vie réelle de ce monde. Elle est plutôt une confrontation avec l'appel de Dieu à le servir dans le monde. Comme le prophète Esaïe dans 6:8, c'est lorsque nous adorons Dieu et que nous avons été purifiés et transformés par lui que nous reconnaissons le plus notre besoin de répondre à l'appel de Dieu à le servir avec l'obéissance de l'Evangile.

Comme nous l'avons vu, notre adoration de Dieu doit passer en premier, mais pour autant elle doit toujours nous conduire à un service pour les autres. Plus que cela, l'adoration authentique nous attire aussi dans la dimension spirituelle et nous expose aux réalités du monde invisible. C'est alors que nous adorons en esprit et en vérité que nous sommes transportés dans la sphère de la victoire de Christ sur les puissances démoniaques à tous les niveaux de notre vie.

En d'autres termes, il semble qu'il y ait toujours une progression spirituelle normale dans la vraie adoration:

- ◆ Dieu nous appelle, par l'Esprit, à l'adorer
- ◆ Nous répondons à la convocation divine
- ◆ Nous entrons dans un face à face avec Dieu dans l'adoration

La priorité du Père

- ◆ Nous suivons sa direction quant à la manière dont nous devons l'adorer.
- ◆ Nous sommes changés par sa présence durant l'adoration
- ◆ Nous recevons ses ordres pour son service et son équipement pour servir, alors que nous sommes dans l'adoration.
- ◆ A partir de l'adoration, nous aimons Dieu, nous servons les autres et nous appliquons la victoire de Christ.

Se concentrer sur Dieu
Il devrait être clair que si l'adoration est notre réponse à l'appel de Dieu, nous devons « entendre » son appel pour être capables de lui répondre. Nous considérons cet aspect dans le livre *Ecouter Dieu* où nous étudions comment Dieu communique avec son peuple et comment nous pouvons apprendre à reconnaître sa manière de nous « parler » aujourd'hui.

Une fois que nous avons « entendu » ou « senti » son appel à l'adorer, nous avons besoin de nous concentrer sur lui. Cela implique que nous nous calmions par rapport à toutes nos activités humaines et que nous nous concentrions sur lui de toutes nos forces.

Beaucoup de chrétiens réduisent ce « calme intérieur » et cette « concentration sur Dieu » aux quelques minutes qui précèdent un culte d'adoration publique. Mais le couple « calme et concentration » devrait toujours faire partie de la vie même de chaque chrétien. Comme nous le voyons dans *Ecouter Dieu*, nous sommes appelés à développer un style de vie où l'écoute est continuelle afin que nos paroles et nos actions trouvent leur source en Dieu.

Si nous vaquons à nos affaires journalières avec nos propres forces et notre propre sagesse, nous aurons tendance à faire la même chose lorsque nous nous rassemblons pour l'adoration. Mais si nous sommes tout le temps profondément en alerte,

Adorer en esprit et en vérité

prêts à réagir aux incitations de Dieu – à la maison comme au travail, en voyage ou pendant notre repos, en famille et avec des amis, etc… nous aurons nécessairement la même sensibilité divine lorsque nous nous rassemblerons avec d'autres croyants pour adorer.

Louer Dieu
Nous verrons au chapitre deux et cinq que Dieu a toujours attiré son peuple dans l'adoration en l'encourageant à le louer lui-même ainsi que ses œuvres puissantes.

Le livre des Psaumes, par exemple, presse à plusieurs reprises le peuple de Dieu de l'Ancien Testament à louer le Seigneur. Hébreux 13:15 et 1 Pierre 2:59 sont des passages qui instruisent le peuple de la nouvelle alliance à offrir à Dieu un sacrifice de louange et à déclarer ses merveilles - nous étudions ces aspects au chapitre huit.

La louange est importante non seulement parce qu'elle proclame la grandeur de Dieu, mais aussi parce qu'elle implique nos émotions et nos sentiments. La véritable adoration inclut toujours l'ensemble de la personnalité humaine. Elle inclut nos pensées, nos émotions, notre corps et notre volonté, elle embrasse nos paroles, nos attitudes, notre style de vie - tout ce que nous sommes et tout ce que nous avons.

Dieu nous appelle de tout son être, avec tous les aspects de sa nature divine; il nous appelle donc à lui répondre avec tout notre être, avec tous les aspects de notre nature rachetée. Nous sommes sensés lui présenter toute notre personnalité humaine et lui offrir tout sur l'autel de l'adoration. La véritable adoration n'est rien de moins que cela et le plan de Dieu n'est rien de moins que cela. Pour son bien et pour le nôtre, il nous convoque à l'adorer en esprit et en vérité.

Chapitre Deux

Louange et adoration

Certains croyants utilisent l'expression « adoration » ou « culte » sans réellement comprendre le sens du mot. Ils en limitent parfois la signification à l'adoration publique de leur propre congrégation, sans apprécier le sens spirituel du terme. Ils supposent que l'adoration recouvre ce qu'ils font le dimanche matin. Pour eux, tout ce qui se passe lors du culte dominical doit donc être le « culte » ou « l'adoration ».

Par conséquent, un groupe de croyants associera l'adoration à la spontanéité et à un bruit joyeux, alors qu'un autre groupe chrétien l'associera à une liturgie figée et un respect plutôt silencieux. Si nous apprécions maintenant le sens biblique de l'adoration en esprit et en vérité, nous devons dépasser les querelles portant sur les différentes formes d'adoration et examiner ce que les Ecritures désignent vraiment par l'adoration de Dieu.

Premièrement, il est utile de considérer le mot anglais « worship » (adoration). Il vient du mot en vieil anglais *weorthscipe* signifiant « valeur ». Ce mot parle donc de donner à quelqu'un la reconnaissance qu'il mérite. Toutefois le terme anglais est limité et ne reflète pas entièrement la terminologie combien plus riche des langues bibliques dans la description de l'adoration. En Français, le mot « adoration » vient du latin et signifie littéralement « porter la bouche », soit dans le sens d'embrasser, soit dans le sens de parler à quelqu'un. De nouveau ici, le sens du mot utilisé couramment dans notre langue reste limité en comparaison à l'hébreu et au grec utilisés dans la Bible.

La Bible utilise en effet plusieurs mots pour définir et décrire l'adoration, mais le contexte essentiel de l'ancien et du nouveau Testaments est toujours celui d'un « service actif ». Le mot hébreu *abodah* et le mot grec *latreia* sont les mots scripturaires les plus communs pour décrire l'adoration, et les deux désignent à l'origine le travail des esclaves ou des serviteurs.

Service
La plupart des gens aujourd'hui croient que l'adoration désigne une chose et que le service en désigne une autre assez différente. Pour eux, l'adoration parle d'activités spirituelles telles que le chant et la prière, et le « service » signifie des actions pratiques telles que nettoyer le sol ou arranger les chaises.

Toutefois, la Bible ne fait pas une telle distinction. Du point de vue scripturaire, notre adoration rendue à Dieu est notre service rendu à Dieu. La manière dont nous le servons est la manière dont nous l'adorons.

Abodah
Le mot hébreu *abodah* est traduit dans certains passages de la Bible par « travailler », par « adorer », mais la plupart du temps par « servir ». Il en est de même du verbe *abad* qui est traduit soit par « travailler, « rendre un culte » ou « servir ».

Genèse 14:4 (« soumis »); 15:13-14 (« asservis »); 25:23 (« assujetti »); 29:15-30 (« servit ») et Exode 1:14 montrent que la famille de mots *abodah* se réfère d'abord au travail pratique d'esclaves ou de serviteurs loués.

Chaque fois que les Ecritures utilisent le mot *abad* ou *abodah* dans le sens de servir les hommes, elles se réfèrent toujours soit à une attitude servile ou à une activité de service: nous le voyons par exemple dans Exode 21:2; Jérémie 40:9 et Ezéchiel 48 :18-19.

L'Ancien Testament, toutefois, utilise presque toujours *abad* et *abodah* pour décrire la manière dont le peuple de Dieu sert avec raison le vrai Dieu ou sert de faux dieux.

Louange et adoration

Il est important que notre compréhension de « l'adoration en esprit et en vérité » soit basée sur le concept biblique de l'adoration qui embrasse à la fois des actions pratiques et des activités spirituelles.

L'Ancien Testament utilise la famille de mots *abodah* par exemple:

- Pour appeler le peuple à servir/adorer Dieu – Exode 3:12; 7:16; 8:1 (ou 7:26); 8:20 (ou 8:16); 9:1, 13; 23:25, Deutéronome 10:12; 11:13, Josué 24:14-16, Psaumes 2:11; 100:2, Jérémie 30:9 et Sophonie 3:9.

- Pour appeler le peuple à se détourner du service ou de l'adoration des faux dieux – Deutéronome 7:16; 28:14, Jérémie 25:6 et 35:15

- Pour décrire des actions pratiques qui contribuent au service/à l'adoration de Dieu – Exode 36:1-5, Nombres 3:7-8; 4:24-28, 46-49; 7:4-9, 1 Chroniques 28:20-21 et 2 Chroniques 24:12.

- Pour décrire des activités spirituelles qui contribuent au service/à l'adoration de Dieu – 1 Chroniques 25:1-8.

- Pour décrire des cérémonies et rituels spécifiques – Exode 12:25-26 (« usage » sacré) et 2 Chroniques 35:1-19.

La signification étendue du groupe de mots formés sur le mot *abodah* est particulièrement claire dans 2 Chroniques 35. Ce chapitre décrit le « service d'adoration » de la Pâque qui se tint à Jérusalem du temps du roi Josias.

Les versets 2 et 3 rapportent comment Josias a encouragé les sacrificateurs dans leur devoir de service et les lévites dans leur service rendu à Dieu et à son peuple.

Les versets 4 à 14 décrivent les préparatifs pratiques pour le service de la part des lévites et des laïcs.

Les versets 15 à 16 montre que les chantres et les portiers (l'équivalent moderne serait le service d'accueil) étaient sensés être autant impliqués dans le service/l'adoration que les sacrificateurs et les lévites.

Ainsi il semble que la préparation minutieuse d'un service d'adoration dirigé par Dieu est autant un service ou une adoration rendus à Dieu que le service et l'adoration eux-mêmes. D'autre part, les actions pratiques des « portiers » et la générosité des « laïcs » sont autant un acte de service/adoration que les contributions apportées par des « chantres » et que les activités spirituelles des « sacrificateurs-lévites ».

Latreia

Latreia, « service », et *latreuo*, « servir », sont les équivalents grecs d'*abodah* et *abad*. De nouveau, ils signifient à l'origine le service loué d'un esclave ou d'un serviteur, mais ils sont principalement utilisés dans le Nouveau Testament pour décrire le service ou le culte rendus à Dieu par les hommes.

Ce groupe de mots est utilisé par exemple dans Matthieu 4:10, Luc 1:74; 2:37; 4:8, Actes 7:7; 24:14; 26:7; 27:23, Romains 1:9; 9:4; 12:1, Philippiens 3:3, 2 Timothée 1:3, Hébreux 8:5; 9:9, 9, 14; 12:28, Apocalypse 7:15 et 22:3.

Une lecture attentive de ces passages montre que les Ecritures utilisent le même mot pour décrire l'adoration spirituelle dans le tabernacle, le temple, le ciel et c... et le « service » pratique dans la vie quotidienne.

L'utilisation de *latreia* dans Romains 12:1 englobe toutes les significations suivantes: nous sommes appelés à présenter nos corps comme un sacrifice vivant à Dieu dans tout ce que nous faisons: il n'y a pas de distinctions entre des activités soit disant « spirituelles » et « séculières » – notre travail est notre adoration et l'adoration est notre travail.

Leitourgia – traduit par « ministère », « service » ou « culte » – est un autre mot à étudier. Il n'est pas lié à *latreia* sur le plan étymologique même s'il décrit quelque chose de similaire. Il est utilisé dans le Nouveau Testament dans Luc 1:23, Actes 13:2, Romains 15:27; 2 Corinthiens 9:12, Philippiens 2:17, 30, Hébreux 8:6, 9:21 et 10:11. *Leitourga* (ou le verbe *leitourgeo*)

Louange et adoration

est un mot qui est emprunté à la vie séculière en relation avec le service rendu à la communauté ou à l'état, souvent sans rémunération financière. Cela suggère de nouveau que l'adoration et le service chrétiens ne font qu'un.

Ainsi l'adoration biblique englobe toute notre vie. C'est la raison pour laquelle le point de vue chrétien sur le monde est incompatible avec la division « sacré/séculier ». Il s'agirait d'un christianisme compartimenté dans lequel la vie se diviserait en sections (par exemple la « vie sociale », « la vie chrétienne », « la vie de famille », « le travail », etc…) où Christ ne régnerait que sur les compartiments « sacrés ». En vérité, Jésus-Christ est Seigneur de tout. Cela signifie, comme Paul nous le rappelle dans 1 Corinthiens 10:31 – que tout ce que nous faisons, nous devons le faire « pour la gloire de Dieu ».

Se prosterner
Les groupes de mots *abodah* et *latreia* mettent l'accent sur la relation qui existe entre l'adoration et le service. D'un autre côté, les groupes de mots *shachah* et *proskuneo* mettent en relief l'essence de l'adoration/service: il s'agit de se prosterner devant Dieu.

Le mot hébreu *shachah* et le mot grec *proskuneo* sont habituellement traduits par « adoration », car ils révèlent tous deux que les serviteurs de Dieu doivent avoir cette attitude de prosternation devant lui s'ils veulent offrir l'adoration/service que Dieu attend et qu'il mérite.

Shachah signifie littéralement « se courber vers le bas » et *proskuneo* signifie littéralement « embrasser vers ». Ces deux mots montrent que notre adoration/service devrait jaillir d'une crainte pleine de révérence, d'un étonnement, d'un émerveillement plein d'adoration.

Ces mots montrent bien que Dieu ne cherche pas avant tout les activités extérieures de la prière, de la louange, du service et toutes ces choses. Il recherche principalement les attitudes intérieures de la crainte révérencieuse et de l'amour plein d'adoration. Bien que nous devions nous assurer que notre adoration publique soit culturellement pertinente, les discussions et les désaccords sur les différentes formes d'adoration prouvent notre incompréhension de l'appel de Dieu.

La conversation de Jésus avec la femme samaritaine, dans Jean 4:1-24, montre que les aspects extérieurs de l'adoration ne sont pas l'essence de l'adoration. *Proskuneo* est utilisé sept fois dans Jean 4:20-24 pour souligner que Dieu est plus concerné par l'attitude intérieure correcte consistant à « embrasser vers » lui, que par les questions de formes et de lieux extérieurs.

Shachah

Shachah est souvent utilisé littéralement dans l'Ancien Testament pour montrer que le peuple de Dieu se prosternait physiquement lorsqu'il se présentait à Dieu: ils courbaient la tête, ou se mettaient à genoux ou tombaient face contre terre. Nous le voyons par exemple dans Genèse 2:26, 48, Exode 4:31; 12:27; 34:8; 1 Chroniques 29:20; 2 Chroniques 20:18; 29:30, Néhémie 8:6, Job 1:20 et Psaume 95:6.

Toutefois de manière plus courante, *shachah* est utilisé pour montrer que le peuple de Dieu était appelé à avoir une attitude intérieure de crainte révérencieuse d'amour plein d'adoration lorsqu'ils se présentaient à Dieu. Nous le voyons par exemple dans Genèse 22:5, Exode 24:1, Deutéronome 26:10; 1 Samuel 1:28; 1 Chroniques 16:29, Néhémie 9:3, Psaume 96:9 et 99:5.

Du fait que *shachah* désigne surtout l'attitude intérieure de l'adoration/service, ce mot est souvent utilisé dans l'Ancien Testament avec un autre verbe qui décrit l'action extérieure accompagnant l'adoration/service. Par exemple:

- Se prosterner et adorer – Genèse 24:26, 48 et Exode 4:31
- Sacrifier et adorer – Exode 32:8; 1 Samuel 1:3 et 2 Rois 17:36
- Servir et adorer – Deutéronome 8:19

Louange et adoration

- ◆ Louer et adorer – 2 Chroniques 7:3 et Psaume 66:4
- ◆ Confesser et adorer – Néhémie 9:3
- ◆ Manger et adorer – Psaume 22:30

Le lien biblique constant qui est établi entre *shachah* et, par exemple, la louange, le service et le sacrifice, démontre l'importance de l'attitude qui motive ces actions. La louange qui ne provient pas de la révérence et de l'amour n'impressionne pas Dieu. Le service qui n'est pas motivé par un immense respect et l'émerveillement ne plaît pas à Dieu. Le sacrifice qui n'est pas né de la crainte et la dévotion n'est pas acceptable pour Dieu.

Proskuneo
On peut faire des remarques similaires pour *proskuneo* « embrasser vers », dans le Nouveau Testament. Ce mot est parfois utilisé littéralement pour décrire une action physique qui correspond à une crainte révérencieuse et un amour plein d'adoration. Nous le voyons par exemple dans Matthieu 2:11; 4:9; 28:9, Marc 15:19, Actes 10:25, 1 Corinthiens 14:25, Apocalypse 7:11; 11:16; 19:4, 10 et 22:8.

En règle générale, toutefois, *proskuneo* décrit l'attitude intérieure profonde de la révérence et de l'adoration. Nous le voyons notamment dans Matthieu 8:2; 9:18; 14:33; 15:25; 18:26, Marc 5:6, Jean 3:22-24; 9:38, Actes 24:11 et Apocalypse 4:10.

D'autres mots
Il y a trois autres mots grecs qui sont traduits par « adorer », « honorer » ou « révérer »:

- ◆ *Sebomai* signifie « révérer ». Il est utilisé dans Matthieu 15:9, Marc 7:7, Actes 16:14; 18:7, 13 et 19:27.
- ◆ *Sebazomai* signifie « vénérer » et se retrouve dans Romains 1:25.

Adorer en esprit et en vérité

- ◆ *Eusebeo* signifie « être révérencieux » et il est utilisé dans Actes 17:23. Il se trouve aussi dans 1 Timothée 5:4 en référence aux enfants qui « exercent la piété » chez eux.

Comme pour *proskuneo*, ces trois mots soulignent un sentiment intérieur de respect immense ou de dévotion plutôt qu'une action extérieure.

Nous avons vu que la Bible utilise souvent le mot « adoration » mais qu'elle ne la définit jamais. Toutefois, les différents mots hébreux et grecs suggèrent qu'il s'agit d'un acte de service provenant d'une attitude de crainte révérencieuse et d'adoration pleine d'amour.

Nous pouvons donc dire que l'adoration consiste à reconnaître en Dieu de manière directe sa nature, ses attributs, ses voies. Toutes ces choses à propos de Dieu sont à la fois ressenties intérieurement et exprimées dans des actions spirituelles et pratiques.

La louange
Si la Bible utilise différents mots en grec et en hébreu pour dépeindre l'adoration scripturaire, elle emploie aussi plusieurs mots différents pour présenter une autre activité aux multiples facettes.

Nous avons compris que nous devions élargir notre conception moderne de l'adoration pour y inclure le service pratique et les attitudes intérieures. Mais nous devons aussi reconnaître que la louange, c'est plus que chanter à voix haute à propos de Dieu.

Dans l'Ancien Testament, la « louange » signifie habituellement un acte, un hommage ou une adoration qui est offerte à Dieu par ses créatures – généralement, mais pas toujours, par des êtres humains. Les divers mots hébreux qui sont traduits par « louange » se réfèrent tous à des types particuliers d'adoration, et notre compréhension de la louange doit tous les inclure.

Louange et adoration

Halal

Halal est le verbe hébreu le plus commun traduit par « louer ». Il signifie au départ « crier de joie ». Il semble qu'à l'origine, *halal* était utilisé en référence aux cris de douleurs lors de la mort d'un sacrifice, mais qu'il est devenu ensuite le mot utilisé pour décrire le cri de joie au moment où Dieu acceptait le sacrifice.

L'essence de *halal* consiste à faire un grand bruit et il est utilisé dans l'Ancien Testament pour décrire la louange au sujet:

- D'un homme ou d'une femme – Genèse 12:15, Proverbes 27:2; 28:4; 31:28, 30-31 et 2 Samuel 14:25
- De faux dieux – Juges 16:24
- De Dieu – 1 Chroniques 16:36; 2 Chroniques 5:13; 20:19, 21; 30:21, Esdras 3:10-11, Néhémie 5:13, Psaume 22:22-23; 35:18; 63:6; 69:31, 35; 119:164; 148: 1-4, 7, 14; 150:1-6, Esaïe 62:9 et Jérémie 20:13
- Du nom de Dieu – Psaume 69:30; 74:21; 145:2; 148:5 et Joël 2:26
- De la Parole de Dieu – Psaume 56:5 et 11.

Comme nous le verrons au chapitre trois, la louange et l'adoration à l'époque de l'Ancien Testament étaient habituellement communautaires. La Bible met clairement l'accent sur ce *halal* de congrégation dans Juges 16:24; 1 Chroniques 16:36; 23:5; 2 Chroniques 23:12; 30:21, Esdras 3:11, Néhémie 5:13, Psaume 22:23; 35:18; 102:19; 107:32; 109:30 et 117:1.

Aujourd'hui, nous associons souvent la louange à l'action de grâces. Il est intéressant que dans le vocabulaire biblique de l'Ancien Testament, seul le terme *halal* soit lié à la reconnaissance. Il semble que lorsque le peuple voulait remercier Dieu dans la louange, ils le remerciaient avec de grands cris de joie. Nous le voyons par exemple dans 1 Chroniques 16:4; 23:30; 25:3; 29:13 et Néhémie 12:24.

L'expression Halleluia, « louer l'Eternel », est utilisée dans les Psaumes 104:35 et 135:3, au début des Psaumes 106; 111; 112; 113; 135; 146–149, et à la fin des Psaumes 104–106; 113; 115–117; 135 et 146–150.

Yadah

Le verbe *yadah*, en hébreu, est habituellement traduit par « louer ». Il signifie toutefois littéralement « lancer » – comme dans Lamentations 3:53.

Cela peut sembler étrange, mais dans beaucoup de parties du monde, les gens ont encore cette habitude de louer quelqu'un en lui lançant quelque chose. Par exemple les américains louent leur héros de retour de guerre en faisant pleuvoir sur eux des bouts de papiers et les européens font la louange du couple qui vient de se marier en lui lançant des confettis, des pétales de fleur ou des grains de riz.

Yadah est utilisé de deux manières complémentaires qui suggèrent que:

- ◆ Des gestes du corps ou de l'esprit accompagnaient la louange offerte par le peuple de Dieu
- ◆ La louange est essentiellement déclamatoire ou une confession.

Dans certains passages, *yadah* est traduit par « confesser » ou « avouer » (par exemple dans Lévitique 5:5; 16:21; 26:40, Nombres 5:7, Néhémie 9:2 et Psaume 32:5), par « rendre gloire » (par exemple dans 1 Rois 8:33, 35). Toutefois il s'agit exactement du même mot traduit ailleurs par « louange ».

Yadah est utilisé à plusieurs endroits avec *halal*, comme dans 1 Chroniques 29:13; 2 Chroniques 31:2; Esdras 3:11 et Néhémie 12:24. Dans ces passages, les traducteurs rendent habituellement *halal* par louange et *yadah* par remercier ou célébrer pour distinguer les deux mots. Mais ces passages montrent que Dieu s'attend à ce que notre louange inclue à la fois le bruit *halal* et les gestes *halal* du corps ou de l'esprit.

Toutes les utilisations de *yadah* impliquent à la fois le geste et la déclaration. Nous devons donc nous assurer que

Louange et adoration

notre compréhension de la louange inclue les gestes. Nous devons aussi reconnaître que les mots que nous disons dans la louange peuvent prendre la forme d'une action de grâce, d'une confession ou d'une déclaration publique: il s'agit toujours de louange.

Yadah est utilisé en général avec le sens de louange dans, par exemple, Genèse 29:35; 2 Chroniques 7:3; Psaume 9:2; 42:6; 44:9; 54:8; 57:10; 86:12; 108:4; 118:28; 138:1–2; Esaïe 12:1, 4; 25:1; 38:19 et Jérémie 33:11.

Zamar

Ce verbe vient de la « vibration » d'un instrument à cordes. Il est utilisé dans l'Ancien Testament lorsque la louange est associée au chant ou au jeu d'un instrument de musique.

Le nom *mizmor* vient du verbe *zamar*. C'est le mot pour « psaume ». Il est utilisé dans le titre de 57 psaumes pour introduire « un chant accompagné par les instruments de musique ».

En général, *zamar* est traduit par « chanter en l'honneur de ». Il est utilisé par exemple dans Juges 5:3; 2 Samuel 22:50; Psaume 7:17; 9:11; 47:6 ; 61:8; 98:4; 108:1; 144:9; 147:7; 149:3 et Esaïe 12:5.

Shabach

Ce verbe vient d'une racine signifiant « effleurer, calmer ou adoucir ». Il est utilisé dans Psaume 65:8; 89:10 et Proverbes 29:11 pour décrire comment la colère, la mer ou les ennemis sont calmés. Ailleurs, *shabach* se réfère au fait « d'adoucir Dieu par les louanges »: nous le trouvons par exemple dans Psaume 63:4; 117:1; 145:4 et 147:12. Un mot correspondant – *shebach* – est utilisé dans Daniel 2:23; 4:34, 37; 5:4 et 23.

Shabach est traduit habituellement par « célébrer » mais certaines versions le traduisent par « se féliciter », « se glorifier » – spécialement lorsqu'il est accompagné de *halal*. Cela montre que notre louange devrait inclure des temps de *shabach* douceur aussi bien que des bruits éclatants de *halal*.

Adorer en esprit et en vérité

Todah
Ce nom est habituellement traduit par « reconnaissance » mais parfois rendu par « louange » – comme par exemple dans Psaume 42:5; 50:23 et 56:13.

Bien que les notions d'adoration, de louange et d'action de grâce se recouvrent beaucoup, on peut les distinguer de deux manières:

- ◆ L'adoration est l'appréciation de l'être de Dieu, la louange est l'appréciation de sa nature et la reconnaissance est l'appréciation de son activité.

- ◆ L'adoration est une expression parapluie recouvrant chaque mot, acte et attitude qui découle de la reconnaissance de la valeur suprême de Dieu. La louange, quant à elle, se réfère essentiellement à la déclaration verbale d'une appréciation sur Dieu. L'action de grâce, enfin, se réfère soit à une déclaration verbale ou à une action généreuse exprimant de la reconnaissance pour ce que Dieu a fait.

Le recoupement des trois est la raison principale pour laquelle des mots tels que *yadah* et *todah* sont parfois traduits par « louange » et parfois par « action de grâce ». Il y a une distinction, mais elle est rarement significative.

Les mots du Nouveau Testament
Plusieurs mots grecs sont traduits dans la plupart de nos versions par « louer ». Ils sont chacun leur nuance particulière et notre compréhension et pratique de la louange devraient refléter toutes ces couleurs de la louange:

- ◆ *Aineo*: signifiait à l'origine « raconter une histoire », mais est toujours utilisé dans le Nouveau Testament pour décrire une louange verbale adressée à Dieu – par exemple dans Luc 2:13, 20; 19:37; 24:53; Actes 2:47; 3:8-9; Romains 15:11 et Apocalypse 19:5.

Louange et adoration

- *Epaineo*: ce mot signifie « recommander » et se réfère à une recommandation verbale enthousiaste, par exemple dans 1 Corinthiens 11:2, 17 et 22. Le substantif *epainos* est utilisé dans 2 Corinthiens 8:18, Éphésiens 1:12, 14; Philippiens 1:11; 4:8; 1 Pierre 1:7 et 2:14.

- *Humneo*: ce verbe grec a donné le français « hymne » et signifie « chanter la louange » – il est utilisé notamment dans Matthieu 26:30, Marc 14:26, Actes 16:25 et Hébreux 2:12.

- *Psallo*: ce mot signifie « pincer la corde d'un instrument à cordes » et se réfère à la louange faite à l'aide d'un instrument de musique – comme dans Jacques 5:13.

- *Exomologeo*: signifie « confesser » et désigne une reconnaissance publique, de la célébration ou une déclaration. Certains le traduisent par « remercier » mais le mot « louange » est plus exact – il est utilisé dans Matthieu 11:25, Luc 10:21, Romains 14:11; 15:9, Philippiens 2:11 et Apocalypse 3:5.

- *Eucharisteo*: Ce mot signifie littéralement « remercier », et il est en fait le mot le plus commun du nouveau Testament pour décrire l'action de grâce. Il est utilisé de manière assez similaire à *yadah* dans l'Ancien Testament.

Eucharisteo décrit l'expression de joie envers Dieu. C'est un des aspects du fruit de l'Esprit. Il est utilisé par exemple dans Matthieu 26:27, Marc 8:6, Luc 17:16, Jean 11:41, Actes 28:15, Romains 1:8; 1 Corinthiens 14:18, Éphésiens 5:20; Colossiens 1:3; 2 Thessaloniciens 2:13 et Apocalypse 11:17.

Certaines églises décrivent traditionnellement le repas du Seigneur par le mot « eucharistie » parce qu'ils considèrent ce repas comme étant essentiellement un acte de reconnaissance envers la mort de Christ.

Adorer en esprit et en vérité

La louange biblique

Toute la Bible est rythmée par des explosions de louange qui semblent jaillir spontanément de la joie caractéristique du peuple de Dieu dans les Ecritures.

La Bible montre clairement que Dieu fait de ses créatures ses délices et que toute la création devrait exprimer de la joie et de la louange. Nous le voyons par exemple dans Genèse 1; Psaume 90:14-16; 104:31; Proverbes 8:30-31; Job 38:4-7 et Apocalypse 4:6-11.

La louange est l'une des marques distinctives du peuple de Dieu et les non croyants prouvent leur manque de foi en refusant de louer Dieu. Nous le voyons dans Romains 1:21; 1 Pierre 2:9; Ephésiens 1:3-14, Philippiens 1:11 et Apocalypse 16:9.

La Bible montre que la venue du royaume de Dieu est caractérisée par la restauration d'une joie profonde et d'une louange authentique du peuple de Dieu et de toute la création – Esaïe 9:2, Psaume 96:11-13, Luc 2:13-14 et Apocalypse 5:9-14.

Nous verrons au chapitre trois que la louange et l'adoration dans le tabernacle et le temple étaient un avant goût de la louange du royaume et qu'elle s'élevait à partir de la joie du peuple d'être dans la présence rédemptrice de Dieu – nous le voyons par exemple dans Deutéronome 27:7, Nombres 10:10 et Lévitique 23:40.

Job 1:21 montre toutefois que les louanges bibliques n'expriment pas seulement une humeur joyeuse. En effet, les gens recevaient souvent le commandement de se réjouir devant *Yahvé* quels que fussent leurs sentiments ou leurs circonstances – comme dans Deutéronome 12:7 et 16:11-12.

La louange dans le temple faisait l'objet de préparatifs détaillés. Elle n'était donc pas toujours spontanée. Exode 15:20; 2 Samuel 6:14, Psaume 42:4; 149:3 et 150 nous montrent que cette louange incluait des psaumes, des cris, des processions, des chants antiphoniques, de la danse et des instruments de musique.

Louange et adoration

Nous verrons au chapitre cinq que les premiers chrétiens continuaient à exprimer leur joie en se joignant à l'adoration dans le temple, comme l'indiquent Luc 24:53 et Actes 3:1. Marc 2:22 suggère toutefois que l'expérience de la vie nouvelle en Christ devait s'exprimer dans de nouvelles formes de louange. Les hommes et les femmes qui expérimentaient la puissance Jésus éclataient souvent en louange spontanée – nous le voyons par exemple dans Luc 18:43 et Marc 2:12. Le Nouveau Testament rapporte plusieurs explosions de louange lorsque les personnes présentes commencèrent à saisir ou à expérimenter la puissance de Dieu – voir Actes 2:46; 3:8; 11:18; 16:25 et Ephésiens 1:1-14.

Colossiens 3:16 et Matthieu 26:30 rapportent que les premiers croyants utilisaient les Psaumes de l'Ancien Testament dans leur louange et leur adoration. Nous considérons ces aspects au chapitre quatre. 1 Corinthiens 14:26, Colossiens 3:16 et Apocalypse 5:8-14 montrent que la première Eglise utilisait aussi de nouveaux hymnes dans leurs louanges. Luc 1:46-55, 68-79; 2:29-32 et Actes 2:4-11 décrivent plusieurs nouvelles formes de louange prophétique.

Le sacrifice de louange
Hébreux 13:15 mentionne un « sacrifice de louange ». Ce texte fait référence à Lévitique 7:11-21 qui situe l'action de grâce dans les sacrifices rituels de l'Ancien Testament, et à Deutéronome 26:1-11 qui montre que la reconnaissance est sensée être le motif fondamental sous-jacent aux dons apportés à l'autel.

Dans ce chapitre, nous avons examiné les différents mots scripturaires pour la louange et l'adoration.

Nous avons commencé à apprécier la largeur et la profondeur de signification de la louange et l'adoration bibliques. Nous devons garder cette compréhension élargie à la pensée alors que nous continuons notre étude. Nous allons en effet considérer l'adoration/service dans l'Ancien et le Nouveau Testament et appliquer nos conclusions à notre quotidien.

Chapitre Trois

L'adoration dans l'Ancien Testament

Dans l'Ancien Testament, l'adoration est la réponse du peuple de Dieu à la révélation que Dieu donne sur sa nature. La nature complète de Dieu – sa sainteté – détermine le caractère de la réponse du peuple de Dieu. Par exemple:

- ◆ Parce que Dieu est Tout-Puissant et parfait, l'adoration doit respecter cette sainteté.

- ◆ Parce que Dieu est juste et bon, l'adoration doit faire face au problème du péché.

- ◆ Parce que Dieu est plein de grâce et d'amour, l'adorateur repentant peut regarder au pardon de Dieu et à sa promesse d'une vie nouvelle.

La manière précise dont ces pensées s'organisent ensemble dépend des occasions d'adoration. Néanmoins, toute l'adoration de l'Ancien Testament commence par la reconnaissance du fait que *Yahvé* est qui il est et que ses enfants sont qui ils sont, à savoir que lui est saint et qu'eux ne le sont pas.

Ce thème de l'adoration est en tête de liste des dix commandements. Ces dix impératifs peuvent être considérés comme le résumé de la loi de Dieu pour son peuple. Le premier commandement – Exode 20:3 – interdit l'adoration des faux dieux et nous exhorte à adorer *Yahvé* lui seul. Parce que *Yahvé* est le seul vrai Dieu, l'adoration doit être dirigée seulement vers lui. Le second commandement – 20:4 – prolonge le premier en nous disant comment *Yahvé* doit être adoré. Il le fait par la négative, en nous interdisant d'adorer Dieu à travers des créations humaines.

Adorer en esprit et en vérité

En résumé, les différents lieux, types et aspects de l'adoration dans l'Ancien Testament célèbrent toutes les multiples manières pleines de grâce dont le peuple de Dieu, peuple pécheur, peut se préparer à rencontrer la sainte présence de Dieu et sa sainte personne.

Lieux d'adoration
Comme nous l'avons vu dans *La Gloire dans l'Eglise*, les lieux modernes d'adoration chrétienne sont de simples bâtiments où le peuple de Dieu peut se rassembler. Leur taille, leur forme et leur situation sont choisies suivant des convenances sociales plus que des considérations spirituelles. Les chrétiens peuvent adorer partout, et souvent des groupes se rassemblent dans des écoles, des salles publiques et même en plein-air.

Il n'en était pas ainsi dans l'Ancien Testament. L'adoration ne pouvait être offerte que dans un lieu spécifique où Dieu s'était déjà révélé de manière tangible. Le peuple supposait que la sainteté de Dieu pouvait interagir de manière sécurisée avec le monde pécheur dans cet endroit particulier.

Lorsque Moïse se trouva devant le buisson ardent, dans Exode 3:5-6, il reconnut immédiatement qu'il s'agissait d'un lieu saint où Dieu pouvait être adoré et devait être adoré. Cet endroit ne devint jamais un lieu régulier d'adoration car le buisson était loin d'Israël. Les générations qui suivirent plus tard eurent plusieurs lieux similaires où ils adoraient Dieu parce qu'il s'était révélé lui-même aux leaders d'Israël en ces points précis.

Le tabernacle et l'arche
Exode 33:7–40:38 rapporte comment les Juifs qui échappèrent de l'Egypte adorèrent Dieu dans une tente spéciale qu'ils dressèrent au milieu de leur camp. Ils appelaient ce lieu « la tente de la présence du Seigneur » ou le « tabernacle ».

Nous associons habituellement le mot « tabernacle » à un bâtiment en dur, fixe. Or il s'agit justement du mot biblique qui désigne une tente amovible que Dieu remplissait de sa

L'adoration dans l'Ancien Testament

présence avec une nuée visible de sa gloire. Lorsque la nuée partait, le peuple de Dieu emmenait le tabernacle et suivait la nuée.

L'Ancien Testament contient des instructions détaillées concernant le montage du tabernacle et son utilisation. Une partie fermée et centrale marquait le lieu très saint, entouré par d'autres séparations jusqu'à celle qui entourait le tabernacle lui-même. Les tentes des sacrificateurs étaient plantées juste derrière le tabernacle et les tentes du peuple étaient situées derrière celles des sacrificateurs.

Ezéchiel 42:20 montre que cette sorte d'arrangement était fait pour séparer ce qui était saint de ce qui ne l'était pas et pour s'assurer que seules les personnes qualifiées puissent entrer en contact avec la sainteté de la présence de Dieu.

La partie la plus sainte du tabernacle, le « saint des saints », contenait « l'arche de l'alliance ». Il s'agissait d'une boîte ou d'un coffre de bois qui contenait les deux tables de la loi, un vase contenant la manne et le bâton d'Aaron. Nous voyons ces choses dans Exode 25:16, 21; 40:20; Deutéronome 10:1-5 et Hébreux 9:4-5.

L'arche était le lieu dans le tabernacle où Dieu révélait sa volonté – comme dans Exode 25:22; 30:36; Lévitique 16:2 et Josué 7:6. L'arche était toujours étroitement identifiée à la présence personnelle de Dieu, par exemple dans Nombres 10:35-36; Josué 4:5 et 13.

Personne ne sait ce qui est advenu du tabernacle et de l'arche. Le tabernacle n'est pas mentionné après l'installation du peuple d'Israël en Canaan. L'arche, quant à elle, est mentionnée dans Josué 3:1 à 5:1, Juges 20:18-28; 1 Samuel 4:1-11; 5:1 à 7:1 et 1 Rois 8:1-9. Elle fut installée dans le temple de Jérusalem par le roi Salomon, où elle resta jusqu'à ce que l'armée de Nebucanetzar détruise Jérusalem. A l'époque du Nouveau Testament, dans le temple, le saint des saints était vide.

L'arche et le tabernacle jouèrent un rôle important dans le développement de l'adoration de l'Ancien Testament. Ces objets montrèrent une vérité importante. La puissance et la présence de Dieu ne pouvaient être connues qu'à l'endroit choisi par *Yahvé* pour se révéler lui-même. Ils soulignaient aussi que Dieu ne pouvait être adoré correctement que dans le lieu et de la manière qu'il choisissait.

Les sanctuaires locaux
Les hommes ont toujours aimé adorer à proximité de leur lieu d'habitation. L'Ancien Testament suggère que la plupart des villes et villages avaient à l'origine un lieu d'adoration, habituellement un autel en plein-air sur lequel des sacrifices pouvaient être offerts.

Genèse 13:18; 18:1-15; 26 :23-26; 28:10-22; 31:43-55; Juges 20:18-28; 1 Samuel 1:1 à 3:21; 7:16-17; 10:3, 17-27; 11:14-15; 13:8-15; 1 Rois 3:4-15; 5:1–6:37; 12:29–13:32; Amos 3:14; 5:5-6 et 7:16-17 sont des passages qui font référence à des sanctuaires locaux à Hébron, Beer-Chéba, Mitspa, Béthel, Guilgal, Rama, Silo et Gabaon.

Ces sanctuaires faisaient partie de la vie religieuse d'Israël avant l'Exode, mais furent condamnés au moment de l'entrée du peuple en Canaan. Dieu voulait que son peuple l'adore au lieu qu'il avait choisi plutôt que là où ils voulaient.

En dépit de la désapprobation divine, les sanctuaires fleurirent jusqu'à ce qu'ils soient supplantés par le temple de Jérusalem. Les très nombreux sacrificateurs et musiciens du temple assuraient une adoration si impressionnante que le peuple ignora de plus en plus les sanctuaires locaux et leurs préféra les pèlerinages au temple.

Malheureusement, beaucoup de ces sanctuaires locaux encouragèrent l'adoration de faux dieux : ils étaient condamnés par les prophètes et furent fermés par la force. Nous le voyons dans 2 Rois 18:1-8; 21:3;23:1-20 et Jérémie 2:20.

Le temple de Jérusalem
1 Rois 6:1 à 7:51 et 2 Chroniques 2:17 à 5:1 décrivent la construction du temple. Son plan général ressemblait à celui

L'adoration dans l'Ancien Testament

du tabernacle, avec un saint des saints central entouré par d'autres séparations. La plus grande partie de l'adoration prenait place dans ces divers parvis dont la décoration reflétait souvent plus les alliances politiques de la nation que la gloire de *Yahvé*. Nous le voyons par exemple dans 2 Rois 16:10-18; 18:1-7 et 21:1-18.

Il y avait un lien particulier entre les rois et le temple. 2 Rois 16:18 révèle qu'un passage privé reliait le temple au palais. Cela signifie que le temple était plus qu'un lieu spirituel d'adoration: il symbolisait la puissance politique de la famille royale.

Des passages tels que 2 Samuel 7:5-7; Jérémie 7:1–27; 35:1–19 et Esaïe 66:1 suggéraient que les prophètes étaient parfois attristés par le temple. A certains moments, comme Jésus dans Luc 19:45-46, les prophètes s'élevaient contre ce qui se passait dans le temple, ou ils se plaignaient de ce que le peuple mettait plus sa confiance dans le temple qu'en Dieu. Certains prophètes semblent toutefois avoir cru que l'alliance de foi en *Yahvé* était mieux servie par une simple tente que par un temple magnifique.

En dépit de ces avertissements, la plupart des Juifs étaient profondément attachés au temple. Même s'ils savaient que *Yahvé* ne vivait pas littéralement dans le temple, ils croyaient néanmoins qu'il s'agissait de l'endroit où ils pouvaient sentir la présence de Dieu de manière immédiate. Nous le voyons par exemple dans 1 Rois 8:27-30; Psaumes 11:4; 26:8; 63:1-5; 84:1-4 et 122:1.

Les synagogues locales
Les livres d'Esdras et Néhémie décrivent le retour des Juifs d'exil et la reconstruction du temple de Jérusalem. L'adoration n'y fut toutefois jamais comparable à celle de l'époque des Rois. En effet, le centre réel de l'adoration se déplaça bientôt vers la synagogue.

L'adoration de la synagogue différait de l'adoration du temple.

Adorer en esprit et en vérité

Par exemple:
- Elle était basée sur la vie de la communauté locale, à une échelle plus petite.
- Elle n'incluait aucun sacrifice rituel
- Elle était principalement composée de prière, de lecture et d'interprétation de la « loi et des prophètes ».

Personne ne sait comment les synagogues se développèrent, mais l'accent mis par Esdras sur la lecture et l'interprétation de la Loi semble avoir été le facteur clé. Les membres du peuple d'Israël étaient conscients que Dieu avait été avec eux durant l'exil, qu'il avait accepté leur « adoration sans temple » et qu'il les avait ramenés dans leur patrie. Ils comprenaient d'autant mieux que la présence de Dieu et sa puissance ne pouvaient pas être limitées à un seul endroit.

Dieu avait rencontré Joseph dans sa cellule de prison, Moïse près du buisson ardent, Jonas dans un grand poisson, Jérémie dans un puits boueux et Néhémie dans un palais royal. Ainsi les synagogues se développèrent dans tout Israël parce que le peuple réalisait qu'ils pouvaient jouir de la présence de Dieu pratiquement partout.

Les types d'adoration

Nous voyons dans *La Prière Efficace* et *Le Salut par la Grâce* que la prière et le sacrifice sont des aspects importants de l'adoration de l'Ancien Testament. Jérémie 6:20 et Amos 4:4 suggèrent que l'encens et les offrandes faisaient aussi partie de l'adoration. Le livre des Psaumes parle aussi de chants, de danses, de cris de joie et de processions comme faisant partie intégrante de l'adoration. Toutefois, l'Ancien Testament ne donne jamais le récit détaillé d'un service d'adoration complet.

Le sacrifice

Des passages tels que Lévitique 1:1 à 7:38; Nombres 15:1-31 et 28:1 à 29:40 rapportent les instructions spécifiques données

L'adoration dans l'Ancien Testament

au sujet des offrandes et des sacrifices que nous considérons un peu plus en détail dans *Le Salut par Grâce*.

Genèse 4:3-5 et 8:20 montrent que le peuple adorait Dieu avec des sacrifices depuis la nuit des temps et que Dieu rencontrait le peuple au moment et dans le lieu du sacrifice. Abraham devait avoir l'habitude d'offrir des sacrifices sinon Isaac ne lui aurait pas posé de questions à propos de l'agneau dans Genèse 22:7.

Plus tard, les égyptiens endurèrent une série de plaies parce que le Pharaon ne voulait pas laisser les Israélites aller dans le désert pour adorer Dieu avec des sacrifices. Exode 10:24-26 révèle deux principes clés de l'adoration sacrificielle de l'Ancien Testament.

Premièrement, le peuple devait permettre à Dieu de diriger leurs sacrifices; et deuxièmement, ils ne pouvaient offrir que des animaux purs et des oiseaux qui leur appartenaient – il devait y avoir un élément de renoncement à soi authentique et qui coûte.

La dixième plaie était un acte de jugement sur l'Egypte, et la délivrance d'Israël. La Pâque, dans Exode 11 à 13, était le commencement non seulement de la vie nationale d'Israël, mais aussi des sacrifices organisés régulièrement.

Après la Pâque, pendant que le peuple de Dieu était encore en chemin dans le désert, Dieu leur donna des instructions sur les sacrifices. Il y avait cinq rituels principaux:

- ♦ L'holocauste ou l'offrande par le feu
- ♦ L'oblation ou l'offrande de grains
- ♦ La communion ou l'offrande de paix
- ♦ L'offrande pour le péché
- ♦ L'offrande de culpabilité, de réparation ou pour la transgression

Nous pouvons dire que
- ♦ L'oblation et les sacrifices de communion aidaient les Israélites à exprimer leur sentiment d'être des

créatures qui appartenaient à Dieu.

- L'holocauste représentait la consécration des Israélites – et l'acceptation par Dieu – de tout ce qu'ils avaient et tout ce qu'ils étaient.
- Le repas mangé par le peuple et le sacrificateur dans le sacrifice de communion leur rappelait leur relation vitale avec Dieu.
- Les sacrifices pour le péché et la culpabilité rendaient les Israélites capables d'une part d'exprimer leur sentiment humain de séparation vis-à-vis d'un Dieu saint à cause de leur péché et de leur culpabilité et d'autre part de crier à Dieu afin qu'il couvre ce péché.

Dans tous les sacrifices, seul le meilleur pouvait faire l'affaire. Nous avons vu que les adorateurs devaient sacrifier d'une manière qui entamait leurs ressources personnelles, mais Deutéronome 23:18 suggère que même cette dépense n'était pas acceptable si le bien sacrifié n'avait pas été acquis de manière légale.

Les sacrifices rituels étaient censés être offerts sur le plan personnel et national, en privé et en public, de manière régulière et lorsqu'un besoin spécial se faisait sentir. Nombres 28 à 29 fait la liste des sacrifices quotidiens, hebdomadaires, mensuels et annuels publics et Exode 12 montre comment la Pâque devait être célébrée en famille.

Chaque fois que les Israélites se tournaient vers *Yahvé*, ils étaient supposés l'adorer en lui offrant des sacrifices. L'Ancien Testament montre que même si les sacrifices rituels étaient faits dans différentes situations pour une variété de raisons, l'acte même d'offrir un sacrifice suivait toujours un modèle. Nous considérons cela en détails dans *Le Salut par la grâce*.

Les chants et la musique

Le livre des Psaumes enseigne plus sur l'adoration du peuple de Dieu que toute autre partie de l'Ancien Testament et nous

L'adoration dans l'Ancien Testament

considérons cela en détail au chapitre quatre. Lorsque nous regardons les Psaumes et les autres descriptions que l'Ancien Testament nous fait de l'adoration, nous voyons que les chants et la musique étaient des éléments importants de l'adoration.

1 Rois 18:27-29 rapporte que d'autres religions anciennes utilisaient la musique pour amener les gens dans une transe; 1 Samuel 10:1-13 suggère que quelques prophètes de Dieu utilisaient parfois la musique de la même manière; et Amos 5:23 souligne que Dieu n'est pas réjoui par toutes les musiques et tous les chants d'ordre spirituel. Toutefois, le peuple de Dieu ne pouvait l'adorer correctement sans des chants pour témoigner de sa joie et de sa reconnaissance.

Des passages tels que le Psaume 22:4 et 63:3-5 montrent qu'il est pour nous naturel de réagir face à la sainteté de Dieu par ce type d'adoration. Ils montrent aussi que la conscience de la présence et de la bonté de Dieu conduit toujours son peuple à l'adorer avec des chants de louange joyeux.

1 Chroniques 15:16-24; 16:4-7, Esdras 2:41, 70 et 3:10-11 se réfèrent à des chœurs particuliers qui participaient à l'adoration. Beaucoup de Psaumes ont un refrain, ce qui suggère qu'une partie du chant pouvait être chanté par les adorateurs et le reste par le chœur. Nous le voyons par exemple dans les Psaumes 42, 43 et 46.

2 Samuel 6:5; 1 Chroniques 2:1-5, Psaume 43:4; 68:26; 81:1-4; 98:4-6; 150:3-5 et Esaïe 30:29 montrent que le peuple jouait des tambourins, de la harpe, de la lyre, des trompettes, les sistres, les cors, les flûtes, le chalumeau et les cymbales en louange à Dieu. L'adoration de l'Ancien Testament était donc surtout joyeuse et le Psaume 42:5 suggère qu'il y avait presque une ambiance de kermesse au temple pendant la louange.

Danse et mime
Certains des Psaumes semblent aussi incorporer la danse à la louange, d'autres l'encouragent franchement. Nous le voyons par exemple dans Psaume 26:6; 149:3 et 150:4. 2 Samuel 6:1-22 rapporte même comment le roi David a pris part à une danse

publique et a été repris par sa femme qui a considéré qu'il s'était ridiculisé.

Psaume 26:6; 42:5; 48:13-15; 68:25-28 et 118:19 décrivent des processions lors desquelles les adorateurs entraient et sortaient du temple et passaient à travers la ville dans un acte de louange.

Psaume 46:9-11; 48:9 et 66:5 suggèrent que les actes de puissance de Dieu pouvaient être reproduits pendant l'adoration pour enseigner sa puissance, et Psaume 26:6 montre que des gestes symboliques jouaient leur rôle dans l'adoration. Nous discutons du rôle de la créativité et des arts dans l'adoration au chapitre neuf.

La prière
Le Nouveau Testament montre qu'il y avait des temps réguliers de prière au temple, ce qui n'est pas mentionné dans l'Ancien Testament. Toutefois la prière était une part vitale de l'adoration en Israël.

Dans l'ensemble de l'Ancien Testament, il est clair que les gens ordinaires tels qu'Anne pouvaient apporter leurs problèmes à Dieu dans la prière – aussi bien que les prophètes ou les rois. Nous le voyons dans 1 Samuel 1:1-18; 1 Rois 8:22-61 et 18:36-37.

Deutéronome 26:5-10 montre que « la loi » contenait des prières qui devaient être utilisées à des occasions spéciales. Le livre des Psaumes contient beaucoup de prières qui étaient utilisées par des individus et des groupes d'adorateurs.

1 Samuel 1:26; 1 Rois 8:22, 54, Psaume 5:8; 51:18-19; 63:5 et Esaïe 1:15 montrent que plusieurs positions du corps étaient utilisées dans la prière: l'attitude intérieure était toutefois toujours plus importante que la posture extérieure.

Les temps d'adoration
L'adoration de l'Ancien Testament comprenait la manière de vivre des adorateurs aussi bien que ce qu'ils faisaient dans les lieux saints. Dieu était disponible pour tout son peuple à

tout moment et n'importe où. Ainsi les sanctuaires locaux, le tabernacle et le temple étaient-ils constamment ouverts pour être utilisés pour l'adoration.

Il y avait toutefois des temps fixés où le peuple s'arrêtait de travailler et se rassemblait pour célébrer la grâce et la bonté de Dieu.

Le sabbat
Le mot hébreu sabbat signifie « cessation » ou « repos ». Genèse 2:2, Exode 20:11 et 31:17 montrent que Dieu s'est « reposé » de son travail de création et qu'il a été « rafraîchi ».

Le principe du sabbat dans l'Ancien Testament, consistant à s'arrêter de travailler une journée par semaine est basé sur l'exemple personnel du repos de sabbat de Dieu. Bien sûr, Dieu n'était pas fatigué de son travail comme un ouvrier qui arriverait à la fin d'une semaine. Toutefois, sa manière d'agir a donné à l'humanité un important exemple à suivre. Exode 23:12 et 34:21 montrent que le sabbat a commencé comme un jour de repos où tout le monde, y compris les esclaves et les étrangers – pouvaient renouveler leurs forces pour le travail.

Il semble que l'adoration faisait partie de ce processus de renouvellement du sabbat. Des passages tels que Lévitique 19:30; Nombres 28:9-10; 2 Rois 11:5-8; Esaïe 1:13; 2:11; Jérémie 17:21-22 et Amos 8:5 décrivent ce qui se passait le jour du sabbat et montrent que ces activités ne plaisaient pas toujours à Dieu.

Pour les Juifs, le sabbat était un jour pour se rappeler leurs origines nationales, célébrer la grandeur de Dieu et renouveler leur engagement dans l'alliance de foi. C'est pourquoi la Loi, dans Exode 8:8-11 donne au peuple de Dieu l'ordre d'observer le sabbat et de consacrer toute cette journée à *Yahvé*.

Exode 31:12-17 et Deutéronome 5:13-15 donnent l'enseignement biblique sur le sabbat. Esaïe 58:13-14 montre que ce jour devait être un jour de joie et de célébration.

La Pâque

Le peuple de Dieu se rappelait continuellement de sa délivrance de l'esclavage en Egypte. Il marquait ce souvenir par une fête annuelle que les Israélites célébraient dans leurs maisons. La Pâque célébrait la manière dont l'alliance de Dieu avec le peuple d'Israël avait été prouvée par les événements de l'Exode.

Au début, c'était dans les maisons que les agneaux étaient sacrifiés et la fête était célébrée en privé. Toutefois, plus tard, les agneaux furent sacrifiés dans le temple avec toute la splendeur d'une grande occasion spirituelle, et ils étaient mangés à la maison pour la célébration familiale – ce qui soulignait le lien entre les aspects nationaux et familiaux de la délivrance de l'Exode.

Vu l'importance immense de cette fête, une provision spéciale existait pour ceux qui manquaient la Pâque pour des raisons d'impureté rituelle. Ils pouvaient la célébrer un mois après la date officielle.

Des passages tels que Nombres 9:1-4, Deutéronome 16:1-8; 2 Rois 23:21-22; 2 Chroniques 30:1-27 et 35:1-19 démontrent la place que prenait la Pâque dans l'adoration dans l'Ancien Testament.

Les fêtes associées aux récoltes

Dans l'Ancien Testament, trois fêtes sont mentionnées et semblent avoir un rapport avec l'année agricole. Toutefois, les Ecritures les relient plus aux grands événements de l'histoire d'Israël qu'au cycle des saisons.

La fête des pains sans levain était associée à la moisson des orges, mais elle était célébrée au même moment de l'année que la Pâque. Ainsi les deux fêtes étaient étroitement reliées, commémorant ensemble la fuite hors d'Egypte. Nous le voyons dans Lévitique 23:9-14 et Nombres 28:16-25.

La fête des semaines ou de la Pentecôte célébrait la fin de la moisson des blés. Des offrandes spéciales étaient faites dans tous les sanctuaires. Avec le temps, cette fête de la moisson

L'adoration dans l'Ancien Testament

devint la fête du don de la loi au Sinaï. Nous le voyons dans Nombres 28:26-31, Lévitique 23:15-21 et Deutéronome 16:12.

La fête des huttes ou des tabernacles arrivait à la fin de la saison où mûrissaient les fruits et célébrait la récolte des fruits. C'était une fête particulièrement joyeuse et les adorateurs s'installaient dans des huttes fragiles pendant sept jours – en partie parce que c'était la manière utilisée par les cultivateurs pour protéger leurs récoltes, mais surtout pour se rappeler du voyage de leurs ancêtres à travers le désert où ils dormaient sous des tentes.

Cette fête célébrait l'alliance de foi d'Israël et beaucoup d'érudits pensent qu'elle comprenait un moment durant lequel le peuple se consacrait à nouveau à l'observation de la loi et de l'alliance. Nous voyons cela dans Exode 24:7, Lévitique 23:33-44, Deutéronome 16:13-17, 27.

Chapitre Quatre

L'adoration dans les Psaumes

Le livre des Psaumes se situe dans l'Ancien Testament. Le mot « psaume » en hébreu *tehillim* signifie littéralement « chants de louange ». Il contient 150 poèmes spirituels en cinq recueils ou collections: 1–41; 42-72; 73-89; 90-106; 107-150. À la fin de chacun de ces recueils (par exemple dans 41:13), on trouve une « doxologie ». Il s'agit d'une forme de louange à Dieu. Le Psaume 150 semble être la doxologie de l'ensemble du livre des Psaumes.

La plupart des érudits pensent que les Psaumes ont été rassemblés dans ces cinq recueils pour être utilisés dans l'adoration à l'époque du nouveau Temple, construit par Esdras à Jérusalem après le retour d'exil.

Des psaumes tels que le 137 et le 126 ont dû être écrits à cette époque, mais la plupart des autres psaumes ont sans doute été écrits bien avant l'exil, à l'époque des rois d'Israël. Ces psaumes nous montrent donc comment le peuple d'Israël adorait son Dieu mille ans avant la naissance de Jésus-Christ.

Les cinq recueils ont probablement été composés à partir de collections plus anciennes et séparées, probablement à partir de « cantiques ». Il est en effet parlé des cantiques d'Asaph (50 et 73 à 83), de Koré (42, 49, 84-85 et 87-88) et de David (3 à 41, 51 à 72). Il devait aussi exister des « feuilles de chants » pour les occasions spéciales comme le pèlerinage annuel à Jérusalem (120–134) et le repas de famille pour la Pâque (105-107, 111-118, 135-136 et 146-150).

Le fait que certains psaumes apparaissent deux fois semble prouver l'existence de collections antérieures. Par exemple nous notons les répétitions suivantes: 14 et 53, 40:13-17 et 70; 108, 57:7-11 et 60:5-12.

Adorer en esprit et en vérité

Nous avons vu l'importance de la compréhension des noms de Dieu dans *Connaître le Père*. C'est particulièrement le cas dans les Psaumes. Ils révèlent plus de détails sur la nature et le nom de Dieu que tout autre livre de la Bible. En fait, il semble que les cinq recueils de psaumes auraient été construits autour des noms de Dieu. Par exemple le livre un, quatre et cinq se concentrent presque entièrement sur l'adoration de *Yahvé*, alors que les livres deux et trois se concentrent sur l'adoration d'*Elohim*.

Les en-têtes des psaumes
Dans la plupart des Bibles en français, presque tous les psaumes ont un en-tête. Même si ces mots d'introduction ne faisaient pas partie des psaumes bibliques originels, ils constituent un héritage de la pensée Juive traditionnelle sur les Psaumes.

Certains de ces en-têtes contiennent des directions pour la musique. Par exemple, le mot Michtam dans les Psaumes 56-58 signifie probablement « chanter d'une voix douce ». D'autres titres stipulent dans quelle tonalité le psaume devrait être chanté. Par exemple dans le Psaume 56 « Colombe des térébinthes lointains », 57 « ne détruis pas », 60 « sur le lys lyrique ». Quelques titres prescrivent aussi sur quels instruments particuliers les Psaumes doivent être joués, par exemple aux chapitres 4, 5 et 6.

Certains mots d'introduction relient les Psaumes à des personnages précis. Par exemple 88 à Héman, 89 à Ethan, 90 à Moïse. D'autres titres identifient le type de psaume. Par exemple 145 une louange, 100 une action de grâces, 89 une contemplation, 90 une prière, 45 un chant d'amour, etc... D'autres titres relient le psaume à un événement particulier. Par exemple les Psaumes 50, 51, 54, 56 et 57.

Les Psaumes de David
Nous ne savons pas quelle est la signification de certains des en-têtes traditionnels. Par exemple la phrase « Psaume de David » qui apparaît au début de 73 Psaumes pourrait parfois

signifier que le psaume a été écrit pour David, d'autres fois impliquer qu'il a été écrit par David et même parfois signifier que le psaume faisait partie d'une collection du Palais royal.

1 Samuel 16:16-23 montre que David était un poète et un musicien doué. 1 Chroniques 25:1-8 montre le grand intérêt de David pour la musique prophétique. Il est donc très probable que David ait écrit la plupart des Psaumes qui lui sont attribués. Le Psaume 18 est en fait une version éditée de son poème de 2 Samuel 22. Plusieurs psaumes sont étroitement reliés à un événement particulier de la vie de David et semblent exprimer ses sentiments personnels et les réponses qu'il donna à Dieu, par exemple:

- Le Psaume 59 avec 1 Samuel 19:11-14
- Le Psaume 34 avec 1 Samuel 21
- Les Psaumes 57 et 142 avec 1 Samuel 22:1-5; 24:3-15
- Le Psaume 52 avec 1 Samuel 22
- Le Psaume 54 avec 1 Samuel 23:19-29
- Le Psaume 63 avec 1 Samuel 24:1-2, 22; 2 Samuel 15:13-37
- Le Psaume 60 avec 2 Samuel 8:13
- Les Psaumes 32 et 51 avec 2 Samuel 11 et 12
- Le Psaume 3 avec 2 Samuel 15:13-37
- Le Psaume 18 avec 2 Samuel 22

Les types de psaumes

Les Psaumes semblent exprimer toutes les nuances des sentiments humains et toute la variété de l'expérience humaine, de la profonde dépression à la joie extatique.

Certains psaumes (comme 145–150) sont de merveilleux cantiques de louange à Dieu. Ce sont des chants qui peuvent être chantés par des adorateurs qui sont en paix avec Dieu et

Adorer en esprit et en vérité

avec le monde qui les entoure. D'autres psaumes, toutefois, reflètent les moments sombres et pénibles de l'expérience humaine.

Certains psaumes (comme 51 et 130) sont écrits pour montrer aux adorateurs que la cause de leur problème est leur culpabilité. D'autres au contraire (comme 13 et 71) sont faits pour des adorateurs qui pensent qu'étant innocents, ils ne devraient pas souffrir du tout.

Beaucoup de psaumes (comme 44, 74, 80 et 83) permettent à toute la nation de s'exprimer collectivement dans les temps d'incertitude ou de désastre. Quelques-uns (comme le 45), aident les gens à célébrer un grand événement comme celui d'un couronnement ou d'un mariage. Alors que d'autres (comme 30, 92, 116), sont des chants qui aident l'adorateur à exprimer sa reconnaissance à Dieu lorsqu'il a été délivré d'une épreuve personnelle.

Il y a des psaumes qui plaident avec Dieu, et d'autres qui le louent. Il y a des appels au pardon et des appels à la destruction des ennemis. Des prières pour le roi et des prières pour la nation. Il y a des psaumes qui sondent les problèmes de la vie, d'autres qui célèbrent la grandeur de la loi de Dieu. Beaucoup de psaumes sont un mélange de plusieurs thèmes, mais ils faisaient toujours partie de la vie d'adoration du peuple de Dieu.

Les poèmes hébraïques
Pour bien comprendre le livre des Psaumes, et pour bien l'utiliser dans notre adoration aujourd'hui, nous devons le voir comme une collection de poèmes hébreux qui étaient faits pour les temps d'adoration. Les Psaumes ne sont donc pas des sermons à lire, ni des traités de doctrine à discuter. Ce sont des chants faits pour être chantés. En fait la plupart des érudits estiment que les Psaumes sont un livre de cantiques en cinq volumes pour le second temple.

Beaucoup pensent aujourd'hui que la poésie est un style réservé aux gens très cultivés ou aux intellectuels. Toutefois la poésie hébraïque était beaucoup plus proche de l'art oratoire moderne que la poésie moderne. Juges 5:30 par exemple utilise la répétition pour rendre le passage mémorable et impressionnant d'une manière assez similaire à celle que Wiston Churchill utilisait dans ses discours durant la seconde guerre mondiale.

La poésie hébraïque est différente de la nôtre, notamment par son utilisation du parallélisme. Il s'agit d'une deuxième ligne qui fait écho à la première en la reprenant différemment, comme dans Nombres 23:19. Cette figure de style communique une grande dignité et crée l'impression d'espace, ce qui permet à la pensée exprimée d'avoir un impact sur l'auditeur. Elle permet aussi au poète de présenter une question sous plus d'un aspect, comme dans Esaïe 55:8.

Certains aspects de la poésie hébraïque sont complètement effacés par la traduction. Par exemple, le Psaume 119 est alphabétique en 22 strophes égales de 8 versets chacune. Chacune des strophes commence par l'une des lettres de l'alphabet hébreu. Les Psaumes 34, 111, 112 et 145 utilisent la même structure.

Le parallélisme et l'utilisation des refrains (comme dans les Psaumes 46 et 136) ne se perdent pas dans la traduction et sont utilisés dans les Psaumes pour nous fournir un vocabulaire d'adoration poétique qui sont aussi puissants, pertinents et mémorables aujourd'hui qu'ils l'étaient il y a des milliers d'années lorsqu'ils furent écrits pour la première fois en louange à Dieu.

Des cantiques de louange

Si chaque psaume peut être considéré comme un poème d'adoration, il y a trois formes principales de poèmes : les hymnes, les lamentations et les actions de grâce.

Les Psaumes 8, 19, 29, 33, 46-48, 76, 84, 87, 93, 96-100, 103-106, 113-114, 117, 122, 135-146 et 145-150 sont clairement des hymnes de louange, assez semblables aux hymnes que nous chantons aujourd'hui.

Adorer en esprit et en vérité

Typiquement, les psaumes qui sont des hymnes commencent par une invitation à la louange de Dieu. Le corps du cantique quant à lui donne les raisons de louer et décrit certaines des merveilles de Dieu dans la création et/ou l'histoire (notamment son œuvre de salut en faveur de son peuple). Enfin un hymne se termine normalement par la répétition de l'invitation lancée à son début ou par une brève prière.

Certains hymnes (par exemple 46, 48, 76, 84, 87, 122) se concentrent sur la gloire de la cité sainte, Sion ou Jérusalem. Ils les présentent prophétiquement à la fois comme étant l'habitation de Dieu et le but du pèlerinage. D'autres hymnes (par exemple 47, 93 et 96-98) utilisent un langage prophétique pour célébrer la souveraineté universelle et absolue de la royauté de Dieu.

Les lamentations sur la souffrance
Tout un groupe de psaumes s'adressent à Dieu directement, plutôt que de décrire et d'acclamer sa gloire.

Typiquement, ces lamentations poétiques commencent par invoquer Dieu; l'auteur ajoute ensuite soit un appel à l'aide, une prière ou une expression de confiance en Dieu. La partie principale du psaume décrit habituellement les malheurs du psalmiste. Les images utilisées correspondent à ce qui pouvait frapper l'imagination à l'époque.

Par exemple il est parlé de l'eau, de l'abîme, des liens de la mort, des bêtes sauvages, des os brisés, d'un cœur qui bat à tout rompre etc...

Certaines de ces lamentations (comme 7, 12 et 26) contiennent des protestations d'innocence ou des complaintes sur l'absence ressentie de Dieu qui semble avoir abandonné son peuple (comme 9,10, 22 et 44). D'autres expriment leur confiance au milieu des problèmes (comme 3, 5, 42-43, 55-57, 63 et 130).

Quelques lamentations sont composées d'un long appel à Dieu – par exemple 4, 11, 16, 23, 62, 121, 125 et 131. À la fin de

L'adoration dans les Psaumes

la plupart de ces appels, le psalmiste reconnaît que l'appel a été entendu et remercie Dieu pour sa réponse (comme dans 6, 22, 69 et 140).

Certaines lamentations expriment surtout un désespoir collectif après une catastrophe nationale (comme 12, 44, 60, 74, 79, 80, 83, 85, 106, 123, 129 et 137) et plaident avec Dieu pour qu'il sauve et restaure son peuple.

Toutefois, la plupart expriment un désespoir individuel au sujet de problèmes tels que la mort, la persécution, l'exil, la vieillesse, la maladie, la calomnie etc… Des psaumes tels que 3, 5-7, 12, 17, 22, 25, 26, 28, 31, 35, 38, 42-43, 51, 54-57, 59, 63-64, 69-71, 77, 86 102, 120, 130 et 140-143 ont été écrits pour exprimer des besoins personnels, même s'ils étaient souvent chantés collectivement.

Les chants d'actions de grâce

Si quelques lamentations se terminent par de la reconnaissance envers Dieu, plusieurs psaumes ont pour thème principal la reconnaissance, par exemple 18, 21, 30, 33, 34, 40, 65-68, 92, 116, 118, 124, 129, 138 et 144.

De nouveau, certains de ces psaumes expriment une action de grâce collective suite à une bonne moisson ou à la protection reçue face à un danger pour toute la nation, alors que d'autres expriment des actions de grâce individuelles suite à la réponse personnelle de Dieu à la prière.

Cette classification n'est pas stricte, car certains psaumes passent d'une forme à une autre. Par exemple, le Psaume 89 commence par un hymne de louange, passe à un long poème prophétique, et finit par une lamentation. Le Psaume 119 est à la fois un hymne de louange à la loi et une lamentation individuelle; et certaines lamentations sont précédées par une prière (27 et 31) ou suivies par une action de grâce (28 et 57).

Des psaumes prophétiques

1 Chroniques 25:1-3 montre que la musique prophétique, la louange prophétique, l'action de grâce prophétique et les

Adorer en esprit et en vérité

psalmistes prophétiques faisaient partie intégrante de la louange durant le règne de David.

Certains psaumes incluent des paroles prophétiques, alors que d'autres sont des prophéties plus longues mises en musique – par exemple, 2, 50, 75, 81-82, 85, 95 et 110. Il semble qu'il s'agissait de prophéties délivrées au cours du service du temple par un prophète qui étaient ensuite utilisées régulièrement dans l'adoration.

Les psaumes qui sont des hymnes de louange sur la cité sainte et la royauté de Dieu sont de toute évidence prophétiques, car ils pointent sur un temps de renouveau futur – sur ce qu'on a plus tard nommé « l'ère messianique ».

Les psaumes prophétiques les plus importants sont les « Psaumes de la royauté » qui se retrouvent dans les cinq recueils. Parmi eux se trouvent:

- ♦ Des paroles adressées au roi – 2 et 110
- ♦ Des prières pour le roi – 20, 61 et 72
- ♦ Des actions de grâces pour le roi – 21
- ♦ Des prières du roi – 18, 28, 63 et 101
- ♦ Un chant de procession royale – 132
- ♦ Un hymne au roi – 144
- ♦ Un chant de mariage royal – 45

Sur un plan historique, ces psaumes concernent un roi particulier d'Israël ou de Juda de l'époque des rois, et les Psaumes 2, 72 et 110 pourraient avoir été des hymnes composés pour un couronnement. Mais sur un plan plus élevé, ces psaumes décrivent un autre roi que celui de leur époque, puisqu'ils proclament qu'il est le fils de Dieu, parlent d'un règne qui ne finit pas et s'étend jusqu'aux extrémités de la terre, disent que la paix et la justice seront établis durablement et que ce roi sera le sauveur de son peuple.

Etant chantés régulièrement, ces psaumes ravivaient l'espoir que les promesses faites à David s'accompliraient

L'adoration dans les Psaumes

– nous considérons cet aspect dans *Le Salut par la Grâce* et dans *Connaître le Fils*. Le fait qu'ils étaient toujours chantés longtemps après la monarchie montre qu'Israël s'attendait à la venue d'un roi, le Messie, qui devait accomplir ces promesses.

Le Messie n'est pas mentionné nommément dans les Psaumes mais les Juifs croyaient qu'il était préfiguré dans ces psaumes de la royauté. Et les auteurs du Nouveau Testament étaient convaincus que ces psaumes s'appliquaient à Jésus comme étant le Messie annoncé depuis longtemps.

Des psaumes tels que 2, 72 et 110 présentent un roi/sacrificateur/juge idéal. Cette promesse ne fut jamais réalisée par aucun roi d'Israël ou de Juda. Seul le Messie combine ces rôles dans un règne éternel de paix et de justice annoncé d'avance dans ces poèmes.

D'autres psaumes prophétiques décrivent la souffrance humaine en des termes qui semblent exagérés par rapport à l'expérience ordinaire, mais qui correspondent avec une précision extraordinaire aux souffrances de Christ.

Sous l'inspiration de Dieu, les poètes prophétiques choisirent des mots qui étaient pleins d'une grande signification. Le Psaume 22, que Jésus a cité sur la croix dans Matthieu 27:46, en est l'exemple le plus frappant: le verset 16 se retrouve clairement dans Jean 20:25 et le verset 18 dans Marc 15:24. Le Psaume 69:21 est un autre exemple, et ce texte annonce à l'avance Matthieu 27:34 et 48.

Par ailleurs les auteurs du Nouveau Testament citent beaucoup de psaumes comme pointant prophétiquement sur Jésus, par exemple:

- Psaume 2:7 – Actes 13:33
- Psaume 8:6 – Hébreux 2:6-10
- Psaume 16:10 – Actes 2:27 et 13:35
- Psaume 22:8 – Matthieu 27:43
- Psaume 40:7-8 – Hébreux 10:7
- Psaume 41:9 – Jean 2:17

Adorer en esprit et en vérité

- Psaume 110:4–Hébreux 7:17
- Psaume 118:22–Matthieu 21:42
- Psaume 118:26–Matthieu 21:9

Pour certains, il n'y a pas que les « Psaumes de la royauté » qui pointent sur Jésus. Par exemple ils pensent que 8 , 16, 22, 35, 40, 41, 68, 69, 97, 102, 118 et 119 préfigurent Christ d'une certaine manière; ils maintiennent que tous les psaumes sur la cité sainte et la royauté de Dieu s'appliquent à la pensée et à la mission de Christ.

Les domaines qui font problème
Beaucoup de chrétiens se réjouissent d'une partie des psaumes mais ne supportent pas certains passages. Par exemple, dans le Psaume 139, ils apprécient les versets 1-18 et les versets 23-24 mais ils sont scandalisés par les versets 19-22.

Il semble qu'il y ait deux problèmes spécifiques à propos des Psaumes:

- La justification de soi
- La tendance à invoquer une terrible vengeance (l'imprécation).

Nous ne pouvons ignorer les sections difficiles car elles font partie de la Parole de Dieu et accompagnent des passages que personne n'oserait remettre en question. D'autre part, nous ne pouvons pas expliquer ces fragments en disant simplement que les auteurs de l'époque ne connaissaient pas Jésus. Ils possédaient la loi de Dieu, ils savaient que personne n'était parfait aux yeux de Dieu, ils savaient qu'ils étaient censés aimer leur prochain, même leurs ennemis. Ils savaient enfin que la loi limite la possibilité de se venger de manière stricte.

La justification de soi
Nous devons comprendre que les auteurs des psaumes se prononçaient sur la justice de manière relative et non de manière absolue: ils se comparaient eux-mêmes à ceux qui

les entouraient plutôt qu'à Dieu lui-même. Ce faisant, ils reconnaissaient la différence essentielle qui existe entre ceux qui essayent d'accomplir la loi de Dieu et ceux qui n'en font pas cas.

Les auteurs, toutefois, étaient tout à fait conscients de leur péché personnel lorsqu'ils se comparaient aux standards divins: nous voyons cela de manière magistrale dans les sept psaumes de « pénitence »: 6, 32, 51, 102, 130 et 143. Une profonde repentance coexistait avec une justification de soi dans les Psaumes autant qu'elles coexistent dans le croyant moderne lorsqu'il regarde le monde avec horreur et Dieu avec un immense respect.

Nous devons aussi réaliser que les auteurs des psaumes se présentaient souvent en tant que « plaignants indignés » qui défendaient leur cause devant Dieu en tant que juge. Le ton qu'ils utilisent peut choquer nos oreilles modernes, mais le point de vue qu'ils défendent est juste.

La vengeance
Plusieurs psaumes maudissent le méchant et appellent la vengeance sur eux. Certains chrétiens réagissent vivement en condamnant ces psaumes comme étant « antichrétiens ». Toutefois nous devons reconnaître que les auteurs connaissaient Dieu comme un être saint qui ne peut regarder le mal ni tolérer le péché. Leur réclamation de vengeance était basée sur leur compréhension du nom et du caractère de Dieu: ils pensaient à juste titre que la nature divine exigeait une réponse active et punitive face au péché.

Les auteurs ne voulaient pas que Dieu frappe les méchants parce que les méchants leur avaient fait du mal. Ils voulaient que Dieu les frappe parce qu'ils savaient que Dieu devait agir de manière consistante avec sa propre sainteté – nous considérons cet aspect plus à fond dans *Connaître le Père* et *Le Salut par la Grâce*.

Nous devons aussi prendre conscience que les auteurs étaient réalistes dans leur analyse. Ils estimaient que la justice

Adorer en esprit et en vérité

ne peut triompher sans l'élimination effective du mal et la punition active des méfaits. Si nous sommes à l'aise avec la demande « que ton règne vienne », nous ne devrions pas être embarrassés de chanter un psaume qui décrit ce que cela signifie en pratique! De nombreux passages similaires, soi-disant « difficiles », ne font que préfigurer prophétiquement le livre de l'Apocalypse.

L'adoration dans les Psaumes

Nous avons vu que le livre des Psaumes est le livre de cantiques de l'Ancien Testament. Il est rempli de chants spirituels que le peuple Dieu a utilisé dans la louange et l'action de grâce pendant plus de 1000 ans.

Toutes les grandes fêtes de *Yahvé* étaient célébrées avec des chants et des danses, comme dans Juges 21:19-21 et 2 Samuel 6:15-16. Amos 5:23 rapporte que même les sacrifices étaient offerts avec des chants.

Nous avons vu que plusieurs psaumes possèdent dans leur en-tête des instructions à caractère musical ou liturgique. Le mot mystérieux « *selah* » orientait de toute évidence la manière dont le Psaume était utilisé dans l'adoration publique. Personne ne sait ce que signifie le mot *selah* que l'on trouve par exemple dans Psaume 66:4, 7, 15; 68:7, 19, 32; 89:4, 37, 45, 48; 140:3, 5 et 8.

Certains expliquent qu'il s'agissait d'un signal pour la congrégation afin qu'elle chante plus fort, d'autres sont sûrs que ce même terme les invitait à arrêter le chant pour laisser les musiciens jouer le « thème » musical.

Les Psaumes 20, 26, 27, 66, 81, 107, 116, 134 et 135 se réfèrent tout à fait à l'adoration publique. Il est clair que ces psaumes – ainsi que les Psaumes 48, 65, 95, 96 et 118 – étaient chantés dans la cour du temple et que les Psaumes 84 et 120 à 134 auraient pu-t-être chantés par les adorateurs en route pour les réunions du temple.

La présence de bénédictions montre que certains psaumes (comme 125, 128 et 129) ont clairement été créés pour

L'adoration dans les Psaumes

l'adoration publique, tandis que d'autres correspondent à des occasions particulières – par exemple le 92, pour le sabbat et le 30 pour la fête de la dédicace.

La valeur des Psaumes
Les Psaumes étaient l'outil de base de l'adoration du peuple de Dieu dans l'Ancien Testament. Dieu a inspiré les membres de son peuple pour qu'ils écrivent les paroles qui les aideraient à s'approcher de lui quel que soit leur situation.

Les Psaumes étaient aussi chantés et utilisés par Jésus, par ses disciples, par Paul, les apôtres et les membres de la première Eglise. Certains des grands chants de louange du Nouveau Testament sont clairement inspirés de certains psaumes – comme dans Luc 1:46-55, 68-79 et 2:29-32.

Les Psaumes inspirèrent les apôtres lorsqu'ils furent persécutés. Ils faisaient partie de leur message, nous le voyons par exemple dans Actes 2:25-28; 4:25-26 et 13:33. Et la première Eglise utilisait les Psaumes pour établir sa doctrine de base sur Jésus – comme dans Hébreux 1:6, 10-13; 2:6-8; 5:6 et 10:5-7.

Au cours des âges, les chrétiens ont adopté les Psaumes, les ont interprétés à la lumière de la croix, les ont utilisés dans l'adoration publique comme privée. Dans la plupart des traditions chrétiennes aujourd'hui, au moins un psaume est lu ou chanté pendant l'adoration publique à chaque rencontre.

D'une certaine manière, ces chants de louanges vieux de 3000 ans, ces lamentations et ces actions de grâce semblent avoir une valeur universelle, car ils expriment l'attitude que tous les adorateurs devraient avoir face à Dieu.

Mais les Psaumes ont une signification plus profonde pour les chrétiens, car nous pouvons maintenant les utiliser pour louer et remercier Dieu de s'être révélé pleinement en Jésus, de nous avoir rachetés en Christ et de nous avoir oints de son Esprit. Les espérances chantées à l'époque dans le culte d'Israël ont trouvé leur accomplissement car le Messie est venu, il règne vraiment et nous sommes sommés de l'adorer.

Chapitre Cinq

L'adoration dans le Nouveau Testament

Chacun des quatre Evangiles montre que Jésus et ses disciples ont suivi le modèle de l'Ancien Testament en ce qui concerne l'adoration. Ils ont observé le sabbat, célébré les fêtes, chanté les Psaumes et adoré au temple à Jérusalem et dans les synagogues locales.

Matthieu 4:23; 9:35 et Marc 1:21 rapportent que Jésus enseignait dans les synagogues de toutes les villes et villages de la région.

Luc ouvre et referme son Evangile dans le Temple – 1:5ss et 24:5-53; il montre comment Dieu a révélé sa parole et sa volonté dans le Temple où Jésus a été présenté étant enfant – 2:22-38; il souligne enfin l'implication de Jésus dans l'adoration de la synagogue et du Temple – 4:1-38, 44; 6:6; 13:10 et 20:1.

Jean construit tout son Evangile autour des fêtes juives. Il divise ainsi la vie de Jésus en différentes périodes. Après avoir fait la description de la première semaine du ministère de Jésus, Jean commente les événements associés à la Pâque (2:13 à 5:53), continue par une autre description autour de la fête des Purim (semble-t-il), puis autour d'une seconde Pâque (6:1-71), d'une fête des tabernacles (7:1 à 10:21), d'une fête de la Dédicace (10:22–11:57), et d'une troisième Pâque (13:1 à 19:4).

Dans *Connaître le Fils*, nous voyons que l'Evangile de Jean s'attache à montrer en quoi Jésus représente l'accomplissement de ces fêtes.

Actes 2:46; 3:1, 8; 5:12 et 21 sont des passages qui montrent que même après la Pentecôte, les premiers chrétiens continuaient à adorer au Temple et dans les synagogues. Les tous premiers chapitres des Actes décrivent comment

Adorer en esprit et en vérité

les premiers convertis étaient joints à une communauté caractérisée par:

- ♦ L'adoration dans le Temple
- ♦ La générosité dans leur manière de donner (voir chapitre sept)
- ♦ Des repas pris ensemble dans les maisons

Actes 2:42-47 montre que leur adoration était concentrée sur une prière collective et la fraction du pain. Ces activités contribuaient à unir les croyants dans une communion fraternelle et à reconnaître leur unité profonde en Christ – nous considérons ces aspects dans *la Gloire dans l'Eglise*.

L'accent mis sur la prière en commun dans l'adoration se voit dans les passages suivants: Actes 1:14-15; 2:42; 3:1; 4:24-25; 6:6; 12:12 et 13:1-2 – et nous considérons cela dans *La Prière Efficace*. Les Actes ne nous disent pas comment les croyants « rompaient le pain » ni s'il s'agissait d'une célébration de la « Sainte Cène », mais il n'y a pas de doute qu'ils faisaient cela presque tous les jours et que cette habitude était liée à leur assiduité au Temple pour les temps d'adoration.

Avec le temps, toutefois, l'amer antagonisme des Juifs envers les disciples provoqua une rupture entre la première Eglise et le Judaïsme officiel. Cela signifiait que l'Eglise devait développer de nouvelles formes d'adoration qui n'étaient pas basées sur le rituel juif ni sur le sabbat ni associées au Temple.

L'adoration dans la première Eglise

Bien qu'Actes 2:46 mentionne des rencontres quotidiennes, Actes 20:7 suggère que le Jour du Seigneur (dimanche, le premier jour de la semaine, le jour de la résurrection) avait commencé à remplacer le sabbat (samedi, le dernier jour de la semaine, le jour de repos après la création) comme jour réservé à l'adoration.

Le Nouveau Testament ne mentionne aucune fête particulière destinée à se rappeler de la naissance de Jésus, de sa résurrection ou de son ascension. Il ne mentionne pas

L'adoration dans le Nouveau Testament

plus de célébration de la venue du Saint-Esprit le jour de la Pentecôte. Au lieu de cela, comme nous le soulignons dans *Connaître le Fils*, la première Eglise se concentrait uniquement sur le souvenir de la mort du Seigneur commémorée par la Sainte-Cène.

Il est clair qu'après la rupture avec le Judaïsme, la première Eglise adorait dans les maisons des uns et des autres et en plein-air. Leurs rencontres formelles étaient simples et semblent avoir consisté principalement en louanges, en prières, en lectures de l'Ancien Testament et dans l'écoute des instructions données sur la foi.

Psaumes, hymnes et chants (ou cantiques)

Dans Ephésiens 5:19, l'apôtre Paul presse les croyants de s'exhorter les uns aux autres par des « psaumes, des hymnes et des cantiques spirituels ». Nous pouvons supposer que Paul se réfère aux Psaumes de l'Ancien Testament, mais nous ne connaissons pas la différence entre les deux autres catégories.

Il se peut que les « hymnes » fussent des chants reconnus et chantés collectivement, alors que les « chants spirituels » fussent des chants spontanés, prophétiques et inspirés par l'Esprit, chantés individuellement. Il se peut aussi que les « chants spirituels » fussent des louanges chantées collectivement en langues.

1 Corinthiens 14:26 montre que le chant faisait partie de l'adoration régulière de l'Eglise. Il s'agissait d'un reflet de la pratique courante des synagogues. Dans *Connaître le Fils*, nous considérons Philippiens 2:6-11; Colossiens 1:15-20 et 1 Timothée 3:16. La plupart des érudits suggèrent qu'il s'agit d'extraits d'hymnes de la première Eglise qui louaient et honoraient Christ. Il est aussi possible qu'Ephésiens 5:14 soit un verset tiré d'un autre hymne chrétien, qui poussait les croyants à l'action.

Le ministère de la Parole

Même si les lettres de Paul étaient écrites essentiellement

Adorer en esprit et en vérité

aux non-Juifs, c'est-à-dire aux « gentils », mais croyants, elles contenaient beaucoup d'allusions aux écritures juives, l'Ancien Testament.

De ce fait, il semble raisonnable de penser que la lecture régulière des Ecritures (à l'époque, seulement l'Ancien Testament) tenait une place importante dans l'adoration de la première Eglise. Dans 1 Timothée 4:13, Paul instruit Timothée en lui demandant de faire la lecture publique des Ecritures, ainsi que de s'occuper de l'enseignement et la prédication.

Un peu plus tard, les responsables d'Eglise commencèrent aussi à lire publiquement les lettres et les Evangiles qui composent aujourd'hui notre Nouveau Testament. Dans 1 Thessaloniciens 5:27, Paul demande que ses lettres soient lues publiquement dans les églises auxquelles il s'adresse ; et, dans Colossiens 4:16, il presse ces églises d'échanger ses lettres, et on peut supposer aussi, de les lire en public.

2 Thessaloniciens 2:15 montre que Paul s'attendait à ce que les croyants s'attachent aux traditions qu'ils avaient reçues des apôtres – qu'elles soient orales ou écrites. 1 Timothée 5:18 montre par ailleurs que Paul pouvait déjà se référer à une parole de Jésus rapportée par Luc comme étant « l'Ecriture ».

Il semble donc que certains récits de la vie et de l'enseignement de Jésus aient déjà été lus dans les réunions de l'église et qu'il devait y avoir aussi certains éléments d'enseignement et d'instruction lors des temps d'adoration de la première Eglise.

A côté de la lecture des Ecritures il y avait la pratique de l'exposition de la Parole par la prédication et l'enseignement dans les assemblées lors de l'adoration – Actes 5:42; 15:35 et 20:7.

Toutefois, bien qu'il apparaisse clairement de passages comme Actes 20:7-11 que ces temps relativement longs d'enseignement faisaient partie de l'adoration de l'Eglise, les lettres de Paul suggèrent que certains de ces enseignements étaient donnés sous forme de courtes confessions de foi mémorisées par les croyants et prononcées ensemble –

L'adoration dans le Nouveau Testament

déclarations que nous pourrions nommer « déclarations de foi » ou « confessions de foi ».

Au cours des âges c'est la manière principale dont les Eglises traditionnelles ont enseigné la foi, spécialement pour la transmission de la doctrine à des gens qui n'étaient que peu alphabétisés ou n'avaient que peu d'accès à la littérature. La base de la plupart de la liturgie encore utilisée de nos jours dans l'Eglise anglicane et catholique provient de ces confessions de foi. C'est une approche que beaucoup d'Eglises modernes sont en train de redécouvrir.

Dans des passages tels que Romains 10:9 et Philippiens 2:11, Paul se réfère à de brèves confessions ou déclarations telles que « Jésus est Seigneur ». Et dans Romains 6:17; 1 Corinthiens 15:1-2 et Philippiens 2:16, il semble faire allusion au noyau central de l'enseignement chrétien. Beaucoup d'érudits pensent que 1 Corinthiens 15:3-8 rapporte un extrait de « déclaration de foi » que les croyants devaient apprendre par cœur et réciter durant l'adoration.

A d'autres endroits – par exemple Ephésiens 4:5; Philippiens 1:27; Colossiens 1:5; 2:6-7 et 2 Thessaloniciens 2:12 – Paul semble utiliser les expressions « la foi » et « la vérité » pour désigner quelque chose de plus précis que le simple « acte de foi ». Dans Galates 1:8, il se réfère à « mon évangile » pour le contraster avec les faux évangiles.

Tout cela donne l'impression que l'adoration de la première Eglise incluait de simples déclarations de foi qui aidaient à construire la foi, à développer l'unité et à instruire le peuple dans la vérité sur la mort et la résurrection de Jésus.

Les prières

Nous étudions les prières de l'apôtre Paul – pour lui et pour les autres – de manière détaillée dans *La Prière Efficace*, et nous découvrons l'importance des différentes formes de prière (pétition, intercession, combat et c…) dans la vie de Jésus et de la première Eglise. Nous considérons aussi ces aspects dans *La Gloire dans l'Eglise*.

Adorer en esprit et en vérité

Dans 1 Corinthiens 1:2, Paul montre « qu'invoquer le nom du Seigneur » dans la prière est l'une des caractéristiques clés d'un vrai chrétien. Il encourage donc chacun à persister dans la prière dans Colossiens 4:2 et 1 Thessaloniciens 5:25.

L'apôtre Paul met particulièrement l'accent sur l'importance de l'action de grâce. Nous le voyons par exemple dans 1 Corinthiens 14:16; Philippiens 4:6 et Colossiens 4:2. Il semble donc que dans l'adoration de l'église, la prière fut caractérisée par une reconnaissance joyeuse face à la grâce étonnante et à la bonté de Dieu manifestée en Jésus-Christ.

Dans les passages tels que Romaines 8:15, 1 Corinthiens 16:22; 2 Corinthiens 1:20 et Galates 4:6, Paul semble montrer que les mots suivants (non grecs) étaient largement utilisés dans la première église :

- *Amen* – « ainsi soit-il » – affirme le fait qu'on peut s'appuyer sur les promesses de Dieu
- *Maranatha* – « Oh Seigneur vient » - affirme la foi dans le retour du Seigneur
- *Abba* – « papa » - affirme la nature de Dieu le Père

Ainsi ces mots araméens devaient être utilisés dans l'adoration publique de manière assez semblable à celle dont nous les utilisons aujourd'hui.

Les épitres de Paul sont des lettres d'instruction, de correction et de directives données à de très jeunes Eglises, et elles se préoccupent généralement de la question de l'adoration personnelle et publique. Paul n'a jamais donné d'instructions détaillées sur l'adoration et n'a jamais imposé un ordre ou une forme précise d'adoration. Au lieu de cela, il demande seulement de la simplicité et de la liberté dans l'adoration. Tout son enseignement est basé sur des considérations d'éthique et de doctrine dans le contexte de l'adoration.

En particulier, Paul enseigne beaucoup sur le « baptême » et la « Sainte Cène », et il relie toujours ces « sacrements » à l'adoration en public. Nous considérons ces choses plus en détail dans

L'adoration dans le Nouveau Testament

la Gloire dans l'Eglise, toutefois nous devons souligner ici cette relation essentielle entre les sacrements et le temps d'adoration de la première église.

La liberté dans l'adoration
L'enseignement le plus complet du Nouveau Testament sur l'adoration se trouve dans la première lettre de Paul adressée aux Corinthiens. Dans 1 Corinthiens 11:2 –14 :40, Paul règle un certain nombre de questions qui avaient surgi au cours de la croissance rapide de cette église grecque de toute une ville.

Il semble que l'Eglise ait essayé de mettre l'enseignement de Paul en œuvre mais que des difficultés pratiques aient surgi – difficultés qui ont régulièrement troublé des congrégations au cours des siècles:

- La liberté et l'adoration
- La morale et l'adoration
- Les dons spirituels et l'adoration

La liberté
Il semble que l'apôtre Paul ait enseigné aux croyants de la ville de Corinthe les mêmes choses qu'il avait enseignées dans les zones rurales de la Galatie. Voici deux points fondamentaux de Paul sur la liberté:

- En Christ, il n'y a plus de distinctions de classes, de race ou de gendre – Galates 3:28
- Christ a donné aux croyants une nouvelle liberté – Galates 5:1

Sur le plan de l'adoration publique, Paul, sur la base de cet enseignement, permettait donc aux esclaves, aux chrétiens d'origine païenne et aux femmes de prendre toute leur place dans chaque aspect du ministère – chose totalement contraire aux us et coutumes juifs de cette époque.

1 Corinthiens 11:2 montre que Paul avait transmis des « traditions » sur ces sujets à l'église de Corinthe. Il semble

Adorer en esprit et en vérité

que les membres de l'église avaient respecté ces traditions, mais qu'ils n'avaient pas compris la vraie nature de la liberté chrétienne.

Apparemment, certaines femmes – qui remplissaient un rôle de leader dans les cultes de l'église – faisaient dans la présence de Dieu des choses qu'elles n'auraient jamais faites dans leur entourage païen. Par exemple, la coutume de l'époque voulait qu'une femme respectable n'apparaisse pas en public avec sa tête découverte. Les croyants corinthiens, toutefois, répondaient qu'ils avaient été libérés des règles sociales et qu'ils pouvaient exprimer leur liberté de cette manière dans les assemblées.

Paul discerna qu'il s'agissait d'un problème similaire à la question des viandes sacrifiées aux idoles et achetée dans les temples païens. La seule viande à vendre à Corinthe provenait des carcasses d'animaux qui avaient été offerts en sacrifices dans les divers temples de la ville. Comme les Juifs ne voulaient pas fournir les chrétiens en viande et comme les chrétiens ne voulaient pas se conformer aux coutumes du judaïsme, les membres de l'église devaient acheter leur viande dans les temples païens ou ne pas en manger du tout.

Certains croyants pensaient qu'il n'était pas permis de manger une telle viande, car en le faisant ils encourageaient et cautionnaient le culte païen. Paul règle la question dans 1 Corinthiens 8:1-11, où il précise quatre choses:

- ◆ Les croyants sont libres de manger de la nourriture offerte aux dieux païens parce que ces dieux n'existent pas. Toutefois, ils doivent se préoccuper de leurs frères, les croyants qui voient les choses différemment. Ainsi ils devraient être prêts parfois à ne pas manger de la nourriture provenant des temples païens par considération pour les autres croyants.

- ◆ C'était le même genre de concession que Paul avait faite dans d'autres domaines. Paul avait le droit

L'adoration dans le Nouveau Testament

d'être soutenu financièrement par les croyants de Corinthe, mais il s'était volontairement défait de ce droit afin que son message puisse-t-être accepté par toutes sortes de gens.

- ◆ Les chrétiens devaient reconnaître qu'il pouvait y avoir de réels dangers dans la participation au culte païen. Ils ne pouvaient pas partager le repas du Seigneur un jour et participer à une fête païenne le jour suivant sans qu'il y ait de graves conséquences spirituelles.

- ◆ En règle générale, il s'agit de ne rien faire qui puisse conduire un croyant à perdre la foi – même si la chose qu'on se propose de faire est bonne en soi.

Dans le cas des femmes de Corinthe, Paul avait compris que c'était la société qu'elles offensaient plus que les chrétiens eux-mêmes, or c'était cette société qu'ils cherchaient à atteindre avec l'évangile. Il suggéra donc que pour la cause de l'évangile, toute femme qui prendrait part au culte de l'église devrait suivre la coutume sociale prédominante, en portant le voile.

C'était toujours la ligne que Paul suivait. Par exemple, il savait que les croyants avaient été libérés de la nécessité de la circoncision, mais dans Actes 16:3, il s'assura que Timothée fut circoncis afin qu'ils puissent atteindre les Juifs plus efficacement avec l'évangile de la liberté.

Ethique
L'apôtre Paul se préoccupait de la manière dont l'église de Corinthe observait le repas du Seigneur. Au lieu de respecter les instructions données par Jésus et que Paul leur avait transmises plus tôt, les croyants corinthiens semblaient avoir transformé le culte en occasion de festoyer et de se divertir. Ils apportaient leur propre nourriture en plus du repas du Seigneur et ils avaient des petites fêtes privées à l'intérieur de la réunion au lieu de garder ce genre d'événements pour leur propres maisons.

Adorer en esprit et en vérité

Les divisions dans l'église – que Paul avaient mises en lumières et auxquelles il s'était opposé, se manifestaient aussi durant l'adoration publique. Pour autant que l'apôtre fût concerné, la division et les ripailles impies déshonoraient le repas du Seigneur et le corps de Christ.

Paul insista auprès des Corinthiens en leur montrant qu'ils étaient inconsidérés dans leur manière d'agir et qu'ils avaient attiré le jugement de Dieu sur eux. Dans un passage important, dans 1 Corinthiens 10-11, Paul place le repas du Seigneur dans le contexte de la communion fraternelle. Comme nous le voyons dans le livre *La Gloire dans l'Eglise*, le mot *koinonia* – « communion » ou « partage » – est l'une des caractéristiques de l'Eglise. Dans 1 Corinthiens 10:16, Paul interprète la Cène en termes de *koinonia*, de partage.

Paul montre que le repas du Seigneur (Sainte Cène) est d'une certaine manière une participation au sacrifice de Christ. De même que les Juifs revivaient leur expérience de l'Exode au moment de la Pâque, de même les chrétiens participent au sacrifice de Christ en s'identifiant eux-mêmes à ce repas et en se consacrant à la mission de Christ.

C'est pour cela que Paul insiste, dans 10:21, pour dire qu'il est moralement impossible de partager en même temps le repas du Seigneur et toute autre forme d'adoration d'idole. En étant en communion avec la mort de Christ lors de ce saint repas, nous sommes automatiquement exclus de toute communion qui pourrait compromettre notre position en Christ.

L'idée de Paul d'un même pain et d'un même corps dans 10:17 montre clairement que la communion chrétienne inclut tous ceux qui participent à Christ. Tous sont unis dans un même pain/corps. Ainsi, selon Paul, le repas du Seigneur exige par sa nature même l'unité. Il y a donc des implications profondes, pratiques et morales dans ce saint repas. Pour dire les choses simplement, nous ne devrions même pas oser participer au repas du Seigneur si nous ne sommes pas en communion avec tous ceux qui sont en communion en et avec Christ.

Dans 11:29, Paul déclare que ceux qui participent au repas

sans discerner le corps sont condamnés – faisant probablement référence à ceux qui ne maintiennent pas la pureté du corps. Paul donne un avertissement à ceux qui sont en communion avec des personnes immorales dans toute son épître. Cela illustre le sérieux avec lequel Dieu envisage cette *koinonia*.

L'aspect communion du repas du Seigneur avait aussi été affecté par la mauvaise approche des Corinthiens. Pour Paul, l'intégrité du corps est détruite lorsque certains mangent bien et d'autres ont faim. Le repas du Seigneur ne devrait pas se concentrer sur différents styles de vie. Paul souligne que ceux qui ont faim devraient manger chez eux. Cela nous montre que la dimension spirituelle du repas du Seigneur est la plus importante – les querelles sur la taille du pain et la qualité du vin passent complètement à côté de l'essentiel.

1 Corinthiens contient l'un des enseignements de Paul les plus clairs sur le repas du Seigneur et établit qu'il devrait être au centre de l'adoration chrétienne aujourd'hui. Dans 11:24-25, Paul souligne que le repas est essentiellement un mémorial.

Lors de la Pâques juive, le chef de chaque famille racontait une nouvelle fois l'histoire de l'Exode pour rappeler aux adorateurs qu'ils jouissaient des conséquences bénéfiques de ces événements. De la même manière, pendant le repas du Seigneur, les adorateurs sont obligés de se rappeler le coût de la mort du Seigneur et de reconnaître qu'ils vivent sur la base de ce qui a été ainsi accompli.

Dans 11:26, Paul montre que le repas de souvenir est une proclamation et une participation et non une expérience qui se répète. La Cène proclame l'événement historique au centre de la foi chrétienne, événement dans lequel nous sommes partie prenante. Le repas n'est pas une tentative de ressusciter quelque chose qui est mort depuis longtemps, car il ne s'agit pas ici de se rappeler de la vie de Christ en tant que passé glorieux. L'accent est mis au contraire sur sa mort rédemptrice, un événement à la signification unique, qui traverse le passé, le présent, l'avenir et dont la portée est éternelle.

Paul montre aussi que le repas du Seigneur a un aspect

Adorer en esprit et en vérité

futur. Dans 11:26, il révèle que le repas souvenir doit être au centre de l'adoration publique de l'église seulement dans cet âge présent car aucune commémoration ne sera nécessaire lorsque Christ reviendra et sera présent en personne.

Les dons spirituels
La troisième difficulté pratique à laquelle les Corinthiens faisaient face dans leur adoration publique concernait les dons spirituels.

Ces dons étaient une composante importante de la première Eglise. Ils se savaient oints par le Saint-Esprit et que le Saint-Esprit les inspirait et les équipait pour prier en langues, interpréter les langues, prophétiser, faire des miracles, discerner les esprits et tant d'autres choses. Nous considérons ces dons dans *Connaître l'Esprit*, *Ecouter Dieu* et *Le Ministère dans l'Esprit*.

Il semble que les croyants corinthiens expérimentaient tous ces dons de l'Esprit et qu'ils étaient tellement désireux de les utiliser que certains les manifestaient en même temps dans les réunions d'église.

L'apôtre Paul leur rappelle que Dieu apporte la paix et non la confusion. En d'autres termes, Dieu s'assure que, lorsque les dons spirituels sont manifestés dans l'adoration publique, ils le soient de manière à construire le corps entier de l'Eglise.

Paul reconnaît la validité de tous les dons qui se manifestent lorsque l'Eglise de Corinthe se rassemble. Il souligne que chacun d'eux est donné par Dieu et a sa place dans l'adoration publique. Il explique que de même que le corps humain a différents membres qui tous contribuent au fonctionnement du corps, de même les différents dons et membres contribuent tous à l'adoration/service de l'Eglise.

Le problème principal dans toutes les questions pratiques des Corinthiens était celui de la liberté dans l'adoration. Les femmes étaient-elles libres de passer par-dessus les conventions sociales du moment dans les réunions d'église? Les différents groupes sociaux étaient-ils libres de célébrer dans des réunions qui ne rassemblaient que les personnes du

L'adoration dans le Nouveau Testament

même niveau social? Les membres de l'église pouvaient-ils manifester les dons tous en même temps?

La réponse de Paul consista à confirmer l'authenticité de leur liberté en Christ, tout en soulignant leur responsabilité générale d'être motivés par l'amour sacrificiel de Dieu. Pour autant que Paul soit concerné:

- Les femmes sont libres de couvrir leur tête ou de ne pas la couvrir dans les réunions: toutefois si elles aiment les non-croyants qui sont parmi eux avec l'amour de Dieu, elles ne vont pas agir d'une manière qui suscite des obstacles au point d'empêcher les non convertis d'accepter l'appel de l'évangile.

- Les chrétiens peuvent manger ce qu'ils veulent, quand ils le veulent, avec qui ils veulent. Mais s'ils s'aiment sincèrement les uns les autres de l'amour de Dieu, ils n'agiront pas d'une manière qui érige ou maintienne des barrières entre les différents croyants.

- Les membres de l'église peuvent tous manifester autant de dons spirituels qu'ils reçoivent. Si, toutefois, ils aiment vraiment l'église avec l'amour de Dieu, ils n'agiront pas de manière qui jette la confusion pour les autres membres mais seulement d'une manière qui les édifie et les construise ensemble vers le haut en Christ.

L'adoration sacrificielle

Lorsque nous lisons les Evangiles et le livre des Actes, il est évident qu'ils retentissent de cris de joie et de louange. Lorsque, par exemple, le Saint-Esprit a été répandu sur les disciples le jour de la Pentecôte, ils étaient tellement envahis par l'amour de Dieu qu'ils l'adoraient dans de nouvelles langues qui leur avaient été données par l'Esprit.

Adorer en esprit et en vérité

Romains 8:15-16 nous montre que chaque fois que l'Esprit entre dans la vie d'un individu, la réponse naturelle est de crier avec joie « Abba, Père » ; Ephésiens 5:18-20 montre que chaque fois que l'Esprit remplit la vie d'une église locale, la réponse naturelle est une louange et une action de grâce exubérantes.

Toutefois, dans la réalité, nous ne sommes pas toujours remplis de tels sentiments. Si nous n'adorions Dieu que lorsque nous avons envie de le faire, ce ne serait pas souvent le cas ! Le Nouveau Testament reconnait cette vérité en reprenant le thème de l'Ancien Testament selon lequel la vraie adoration comprend toujours un sacrifice. En d'autres termes, notre adoration en esprit et en vérité devrait être caractérisée par trois sacrifices essentiels que nous allons considérer plus en détail dans les trois chapitres qui suivent.

Le sacrifice de nos corps

Les premiers onze chapitres de la lettre de Paul à l'église de Rome présente la description biblique la plus complète de l'évangile. Romains 12:1 est le « c'est pourquoi » de Paul, la conclusion qui suit cette fresque de l'évangile. Dans cette conclusion il nous appelle à répondre à l'évangile par l'adoration – en présentant nos corps comme des « sacrifices vivants ». Nous discuterons de l'utilisation de formes physiques d'expression dans l'adoration au chapitre neuf (comme la danse ou le mime). Nous montrerons que les arts peuvent être utilisés pour enrichir la louange et l'adoration et pour illustrer prophétiquement ce qui concerne le cœur de Dieu. Mais pour l'instant, nous devons noter que Romains 12:1 nous encourage à donner notre tout à Dieu dans l'adoration – y compris nos corps.

A l'époque de l'apôtre Paul, tout le monde était familiarisé avec l'idée de « sacrifices morts » – qui représentaient la consécration totale et sans réserve de quelque chose à Dieu ou à un dieu. Un « sacrifice vivant », devait donc impliquer la capitulation continuelle de toute une vie au service de Dieu.

L'adoration dans le Nouveau Testament

Dans la suite de Romains 12, Paul clarifie cette implication:
- Etre constamment transformés à la ressemblance de Christ
- Etre entièrement engagés pour le corps de Christ
- Offrir tous les dons que Dieu nous accorde au bénéfice de toute l'église.

Ce sacrifice vivant implique donc l'amour et le service, la prière et la patience, la joie et l'hospitalité, le pardon et l'unité, la foi et l'espérance, la miséricorde et la compassion, la vie et la mort etc.

Paul développe cette idée dans Romains 15:16, Philippiens 1:20; 2:17 et 2 Timothée 4:6 en montrant que l'adoration de Dieu par le sacrifice de nos corps implique un service de sacrifice dans l'évangile de Dieu qui honore Christ – parfois à un coût personnel très élevé. Nous considérons cet aspect de l'adoration au chapitre six.

Le sacrifice de nos biens

Hébreux 13:16 nous presse de faire le bien et de partager ce que nous avons comme un sacrifice qui plaît à Dieu. Dans *Le Règne de Dieu*, nous considérons l'enseignement de Jésus sur les richesses. Nous y voyons comment Jésus considère les richesses comme un rival de Dieu pour nos affections et comme une puissance qui cherche à nous dominer et à nous rendre esclaves. A de très nombreuses reprises, notamment dans l'Evangile de Luc, Jésus recherche la générosité de ses disciples.

L'apôtre Paul développe cette pensée dans 2 Corinthiens 8 et 9 où il presse les croyants corinthiens de suivre l'exemple des églises de Macédoine. Bien que nous considérions ce sujet en détails plus loin, nous devrions saisir dès maintenant que dans 2 Corinthiens 9:11-13, Paul donne au don matériel fait dans le sacrifice une place centrale dans l'adoration/service chrétien.

Dans ces deux chapitres de 1 Corinthiens 8 et 9, Paul montre que le sacrifice de nos possessions devrait être:

Adorer en esprit et en vérité

- ◆ Une réponse à l'amour de Dieu
- ◆ Indépendant des temps difficiles
- ◆ Proportionné à nos moyens
- ◆ Plein de compassion pour les grands besoins
- ◆ Une preuve de notre engagement.

Nous considérons le sacrifice de nos biens avec plus de détails dans le chapitre sept.

Le sacrifice de notre louange
Hébreux 13:16 nous encourage aussi à offrir un sacrifice de louange à Dieu avec nos lèvres. Nous avons vu que la louange de l'Ancien Testament implique du bruit, de la musique et du mouvement et que la première Eglise était caractérisée par la joie et l'action de grâce.

Le fait que la louange soit identifiée ici au sacrifice présuppose qu'un certain coût ou un certain effort est impliqué, chose que nous considérons au chapitre huit. Le Nouveau Testament révèle que l'Eglise est essentiellement une communauté d'adoration qui croit en Jésus. Nous sommes appelés ensemble par Dieu à l'adorer. Lorsque nous négligeons notre premier appel, nous déshonorons Dieu et nous nous méprisons nous-mêmes.

Alors que nous continuons notre étude pour nous concentrer plus sur le « service » personnel que sur « l'adoration » publique dans les trois chapitres qui vont suivre, nous devrions nous rappeler les trois principes fondamentaux de l'adoration du Nouveau Testament.

La vraie adoration est toujours dirigée vers le Dieu vivant: il ne s'agit pas d'une performance permettant de montrer nos talents humains, mais d'une activité qui le glorifie lui seul et qui nous conduit plus profondément dans sa présence.

La vraie adoration construit toujours et édifie l'ensemble du corps de Christ; elle n'est pas le monopole d'un ou deux spécialistes, mais l'expression collective de la louange de tout

L'adoration dans le Nouveau Testament

le peuple de Dieu. En fait, 1 Corinthiens 14:26 (pour ainsi dire le seul verset du Nouveau Testament qui nous donne des instructions explicites sur l'adoration), suggère qu'autant que possible chacun devrait prendre une part active à l'adoration de l'église.

La vraie adoration dépend toujours de la présence du Saint-Esprit. Comme Paul le dit dans Philippiens 3:3, nous devons adorer par l'Esprit de Dieu. Sans lui, nous ne pouvons pas communiquer avec Dieu et nous ne pouvons rien lui offrir de valable.

C'est le Saint-Esprit qui inspire nos prières et notre louange, qui ouvre nos pensées et nous aide à comprendre la Parole de Dieu, qui nous convainc de péché et qui nous donne les dons pour le bien commun. En bref, il est le souffle de l'adoration et nous considérons son rôle dans l'adoration au chapitre dix.

Chapitre six

Service et adoration

Nous avons vu que la Bible ne distingue pas entre « adoration spirituelle » et « service pratique ». Nous avons noté que l'Ecriture présente notre adoration de Dieu comme notre service et notre service pour Dieu comme notre adoration. Pour dire les choses simplement, la manière dont nous le servons est la manière dont nous l'adorons.

Nous avons noté qu'à l'origine, le mot hébreu *abodah* et le mot grec *latreia* désignent tous deux le travail pratique d'un serviteur ou d'un esclave mais qu'ils sont aussi utilisés dans les Ecritures pour décrire le service ou l'adoration rendus à Dieu: notre service est notre adoration et notre adoration est notre service.

Nous avons aussi établi que tous les commandements de Dieu peuvent être résumés par ces deux mots: adoration et service. La priorité de Dieu pour nos vies c'est que nous l'adorions de tout notre être. Sa seconde priorité est que nous servions les autres avec la même passion que celle que nous avons pour nous-mêmes.

Servir en esprit et en vérité
Servir en esprit et en vérité découle toujours de notre adoration en esprit et en vérité. Parce que l'adoration et le service sont étroitement liés au point que la Bible utilise le même mot pour désigner les deux, nous pouvons dire que notre adoration est incomplète si elle ne se traduit pas en service. Et nous pouvons dire que notre service est inacceptable pour Dieu s'il ne provient pas de notre adoration de Dieu.

Adorer en esprit et en vérité

Le service avec un linge
Les Evangiles sont d'une honnêteté redoutable au sujet des faiblesses des apôtres. Ils décrivent leurs échecs autant que leurs succès, leurs inspirations suivies de leurs raisonnements. Il semble que les disciples se soient chamaillés plus sur leur hiérarchie interne que sur tout autre sujet. Luc 9:46 rapporte de manière candide leur dispute pour savoir lequel d'entre eux était le plus grand.

Le plus grand et le plus petit
Lorsque les gens se battent pour être les premiers, ils se battent aussi pour ne pas être les derniers. Même si la plupart d'entre nous savons que nous ne serons jamais les plus grands, certains croyants luttent encore pour ne pas être les plus petits. D'après les Evangiles, c'était l'un des problèmes principaux des apôtres.

Lorsqu'ils se rassemblèrent avec Jésus pour célébrer la Pâque, dans Jean 13:1-17, ils savaient que l'un d'entre eux devait laver les pieds aux autres. (A cette époque, les gens se couchaient sur le côté sur des coussins au lieu de se tenir droits sur une chaise. Avoir les pieds propres était donc très important au moment du repas.) Le problème était que laver les pieds était le travail réservé au serviteur le plus bas et aucun des apôtres ne voulait tomber aussi bas que cela.

Jean 13:12 suggère qu'ils préférèrent tous s'asseoir à leur place avec des pieds sales plutôt que d'être considérés comme le moindre des apôtres. Alors Jésus prit un linge, redéfinit la grandeur, éleva le service et révéla encore une nouvelle et cruciale facette de la nature divine.

Le contexte de l'adoration
Il est important pour nous de reconnaître que tout cela eut lieu dans le contexte de l'acte le plus important de l'adoration de l'année juive. Bien que le repas de la Pâque fût mangé à la maison, il était mangé durant un service d'adoration qui comprenait des hymnes, des lectures, des prières et

Service et adoration

des louanges. L'acte de service de Jésus découlait de cette adoration spirituelle et faisait partie de l'adoration spirituelle : en vérité, son service était son adoration et son adoration était son service.

Ayant servi les apôtres, Jean 13:14-15 rapporte que Jésus les appela ensuite à servir de la même manière. Il semble toutefois que certains croyants préféreraient être appelés à un renoncement radical pour l'évangile plutôt qu'à un service apparemment insignifiant comme le lavage des pieds.

Mais Jésus n'appelle pas ses disciples seulement à une glorieuse louange ou à une mission dangereuse, ou à des tâches difficiles. Il nous appelle aussi aux choses mondaines et ordinaires, triviales et faciles, insignifiantes et méprisées.

Leadership et autorité
Dans plusieurs des volumes de cette série *Epée de l'Esprit*, et particulièrement dans *Connaître le Fils*, nous voyons comment les quatre Evangiles sont complémentaires. Ils se concentrent sur différents aspects de la nature et la mission de Jésus. Nous avons vu par exemple, que Matthieu souligne l'autorité de Jésus, Marc son service, Luc son humanité et Jean sa divinité.

Il est d'autant plus remarquable que ce soit l'Evangile de Jean, et non celui de Marc ou de Luc, qui rapporte cet incident. Dans l'ensemble de son Evangile, Jean fait l'effort de nous présenter Jésus comme pleinement divin, comme la pleine révélation de Dieu, et comme un avec le Père en tant que personne et par nature, comme le « Je suis » qui s'était révélé à Moïse dans le désert, etc.

Cela signifie que l'acte de service de Jésus avec ce linge n'est pas juste un exemple de la conduite humaine idéale. Il y a plus important. C'est aussi une révélation dynamique de la manière dont Dieu agit: cela nous montre comment « le Seigneur et le Maître », le « Je suis », exerce son leadership souverain et son autorité absolue.

Lorsque Jésus se saisit du linge et lava les pieds de ses disciples, il n'abolissait pas le leadership et l'autorité, il les

Adorer en esprit et en vérité

redéfinissait. Il montrait que le service est réservé aux maîtres autant qu'aux serviteurs. Jésus enseigna et révéla toujours une autorité basée sur la fonction plus que sur le statut et un leadership qui servait les gens plutôt que les manipuler ou les contrôler. Nous le voyons notamment dans Matthieu 20:25-28.

Un service de propre juste
Si nous voulons comprendre et mettre en pratique le « service en esprit et en vérité », nous devons le distinguer d'un service de « propre juste ».

Les efforts humains
Le service du propre juste provient toujours d'un effort humain. Il calcule et s'imagine comment et qui servir. En revanche, le vrai service vient de l'adoration, des incitations de Dieu qui sont entendues lorsque nous nous courbons dans sa présence. Nous considérons cela plus à fond dans *Le Règne de Dieu* et *Ecouter Dieu*.

Nous servons dans l'esprit et la vérité seulement parce que nous avons entendu Dieu et parce que nous avons été dirigés et équipés par lui.

Chercher à être vu
Le service du propre juste est un service ostentatoire qui espère se faire remarquer et qui se laisse impressionner par de grands actes de service. Le vrai service, toutefois, ne fait pas de distinction entre les petits et les grands services: il accueille sans discrimination toutes les occasions de servir – qu'importe si la tâche est petite et cachée.

Le service du propre juste veut toujours être vu et remarqué, être applaudi et récompensé. Mais le vrai service ne cherche pas à attirer l'attention: il est content de se confondre dans la masse et il attache plus de valeur à l'approbation de Dieu qu'à celle des hommes.

Sélectif et temporaire
Le service du propre juste s'inquiète des résultats. Il est sélectif quand à la personne à servir. Alors que le vrai service se fait un délice de servir et sert ses ennemis aussi volontiers que ses amis, le plus bas aussi bien que le plus élevé, celui qui n'a pas de reconnaissance aussi bien que celui qui est généreux.

Le service de la propre justice n'est qu'une activité temporaire, influencée par les sentiments et les désirs. Le vrai service est un style de vie permanent et gouverné par Dieu.

Rechercher sa propre louange
Pour finir, le service du propre juste est une forme de glorification de soi. Il manipule et contrôle les gens, il cause des dommages à la communauté.

Le vrai serviteur, quant à lui, prend soin du besoin des autres avec la passion que nous avons pour nos propres besoins. Il n'oblige personne à rendre le service, construit le corps de Christ et apporte une grande gloire à Dieu.

Les expressions du service
De même que nous pouvons être tentés de comprendre l'adoration en termes de « ce que nous faisons à l'église le dimanche matin », de même il serait tentant de penser au service comme à une liste de choses que nous pourrions ou devrions faire.

Mais de même que notre adoration est plus que notre chant, notre prière et notre écoute, de même notre service est plus que notre nettoyage, les soins que nous prodiguons et les plats que nous préparons. Nous avons vu que « l'adoration en esprit et en vérité » est une manière continuelle de vivre devant Dieu.

Il s'agit d'une attitude intérieure permanente d'adoration pleine d'amour et de saint respect. De la même manière, le « service en esprit et en vérité » est un style de vie plutôt qu'un code de lois ou qu'une liste de choses à faire. Nous ne devrions jamais oublier que c'est une chose d'agir comme un serviteur lorsque nous le sentons mais une toute autre chose d'être serviteur tout le temps.

Il n'est pour autant pas suffisant de souligner seulement l'aspect intérieur du service. Car de même que notre attitude d'adorateur doit s'exprimer par la musique, le mouvement, le bruit, la prière et la reconnaissance, de même notre attitude de serviteur doit s'exprimer dans l'église et le monde qui nous entoure.

Les Ecritures ne contiennent pas l'équivalent du livre des Psaumes dans le domaine du service, mais au contraire elles nous laissent des exemples continuels de service qui passent presque inaperçus.

Des tâches simples
Lorsque par exemple, nous pensons à ceux qui Dieu a utilisés pour nous apporter le Nouveau Testament, nous pensons habituellement à l'apôtre Paul. Ses écrits ont littéralement changé le monde et transformé des millions de vies. Mais qui d'entre nous s'est arrêté pour remercier Dieu à propos du service discret de Tychique?

Il semble que Paul ait écrit la plupart de ses lettres lorsqu'il était en prison et qu'il ne pouvait pas les délivrer en personne. Comme il n'y avait pas de service postal à cette époque, Paul demandait souvent à son ami Tychique de faire des centaines de kilomètres à pieds pour apporter ses lettres à ses destinataires. Nous le voyons par exemple dans Ephésiens 6:21, Colossiens 4:7; 2 Timothée 4:12 et Tite 3:12.

La plupart des érudits pensent que la lettre aux Ephésiens fut écrite comme une « circulaire », envoyée à beaucoup d'églises. Il est donc possible que Tychique ait parcouru toute l'Asie Mineure pour apporter une pile de copies des « Ephésiens » à toutes les différentes églises de la région.

Il s'agissait d'un service anonyme, caché, solitaire, et simple qui aurait pu apparaître trivial et insignifiant à l'époque – littéralement n'importe quelle personne aurait pu accomplir cette tâche. Et pourtant nous n'aurions pas le Nouveau

Service et adoration

Testament aujourd'hui si Tychique n'avait pas accompli ce service avec autant de fidélité.

Une aide active
Bien sûr, la plupart des actes de service n'ont pas de conséquences aussi immenses. Dans Actes 9:39, par exemple, nous voyons comment Dorcas servait d'une manière très limitée n'ayant d'impact que sur quelques personnes de son entourage qui étaient dans le besoin. Mais le Saint-Esprit a trouvé bon de souligner son service dans les Ecritures comme un exemple à suivre pour nous.

Nous devons apprendre du Saint-Esprit lui-même. Il est l'Esprit humble et qui s'efface lui-même. Il existe pour attirer notre attention sur le Fils plutôt que sur lui-même. Lorsque nous vivons dans ce monde de l'Esprit, nous découvrons rapidement que les choses importantes se trouvent dans les petits recoins de la vie d'autres personnes, si bien que les petites choses deviennent prioritaires et le « moi » secondaire.

Au niveau le plus simple, le service en esprit et en vérité se résume à une aide active, qui apporte son assistance dans des choses insignifiantes, comme ouvrir une porte, faire du café, faire la vaisselle etc. Nous ne devons jamais oublier que Christ nous a donné dans l'exemple du lavement des pieds la preuve que *personne* n'est trop important ou trop occupé pour passer par-dessus l'acte de service le plus humble.

Accepter le service
A un niveau différent, le service implique le fait d'être servi et d'accepter le service que l'on veut nous rendre. Pierre n'a pas voulu que Jésus lui lave les pieds, non parce qu'il était humble, mais parce qu'il était orgueilleux. Le service offert par Jésus était pour lui un affront. L'humilité de cet acte s'opposait à son idée de l'autorité et du leadership. Si Pierre avait été le patron, il n'y aurait eu aucune chance pour qu'il ait lavé les pieds de quiconque.

Lorsque nous permettons aux autres de nous servir, nous

reconnaissons leur autorité sur nous, et nous recevons leur service sans sentir le besoin de le payer en retour.

Exercer l'hospitalité
L'hospitalité est pratiquement la seule expression de service qui nous est expressément commandée dans les Ecritures. 1 Pierre 4:9 encourage tous les croyants à le faire, et Romains 12:13, 1 Timothée 3:2 et Tite 1:8 en font une condition à l'accès aux responsabilités dans l'église.

Les Ecritures sont remplies d'exemples d'hospitalité, de la protection que Rabah offrit aux espions, en passant par la provision de Boaz pour Ruth et Naomi, les soins des veuves pour Elie et Elisée à l'accueil de Marie et Marthe pour Jésus et ses disciples.

Lorsque Jésus envoya les douze puis les soixante-dix prêcher l'évangile, il leur commanda de dépendre de l'hospitalité. Nous voyons que les instructions de Jésus dans ce sens ont été respectées dans le livre des Actes. Il est possible que la culture moderne affairée qui consiste à aller à l'hôtel et à manger dans les restaurants nous ait privés de beaucoup de la joie biblique qui consistait à donner et à recevoir l'hospitalité.

Adoration, service et humilité
Il devrait être clair à ce point de notre étude que l'adoration/service est essentiellement une activité humble. Nous avons vu que *shachah* et *proskuneo* – se courber – sont les mots bibliques de base pour l'adoration/service et que les adorateurs/serviteurs de Dieu doivent avoir une attitude courbée devant lui s'ils veulent lui offrir l'adoration/service qu'il attend et qu'il mérite.

Développer l'humilité
Il peut sembler difficile de développer l'humilité. En fait nous pouvons sembler presque « manquer d'humilité » si nous cherchons consciemment à être humbles. Toutefois, lorsque nous nous décidons à faire quelque chose où la discrétion

Service et adoration

est de mise et qui se concentre sur le bien des autres, nous pouvons nous attendre à ce que le Saint-Esprit établisse son humilité dans notre vie.

L'humanité déchue et charnelle rejette le service et son aspect caché. Elle recherche au contraire le confort et la reconnaissance. Mais ces désirs sont ceux que nous devons « crucifier » avec autant de dureté et de persistance que nous le ferions pour des désirs sexuels impropres. Des passages tels que 1 Jean 2:16 ne se réfèrent pas seulement à la sexualité, mais aussi à toute émotion et activité humaines qui ne sont pas sous le plein contrôle de Dieu.

Beaucoup de gens luttent avec des mauvais désirs et ne savent pas comment s'en sortir. Au cours de l'histoire de l'église, plusieurs groupes de chrétiens différents ont découvert qu'un mélange équilibré entre l'adoration spirituelle et le service caché est la meilleure manière de contrôler les désirs de la chair et de développer une attitude pieuse faite de saine humilité.

Cette compréhension des choses était à l'origine de tous les premiers mouvements monastiques que Dieu utilisa pour répandre l'évangile dans toute l'Europe et pour implanter les premières églises en Grande Bretagne et en Irlande.

Au 18ème siècle, lorsque Dieu envoya des réveils en Grande Bretagne par des hommes tels que Wesley et Whitefield, il inspira un homme venant d'une tradition d'église tout à fait différente pour qu'il écrive l'un des livres chrétiens les plus influents de tous les temps, intitulé « Un appel sérieux à une vie pieuse et sainte. »

William Law enseignait que les croyants devaient voir chacune de leurs journées comme « un jour d'humilité » et comme « un jour pour servir les autres ». De manière remarquable, alors que Dieu utilisait Wesley pour faire entrer des centaines de milliers de nouveaux convertis dans l'Eglise, il utilisait en même temps Law pour faire passer une vague fraîche de sainteté dans l'Eglise.

Law souligna que nous devons développer l'humilité que Dieu recherche chez les vrais adorateurs lorsque nous:

Adorer en esprit et en vérité

« …condescendons à toutes les faiblesses et les infirmités de nos semblables, couvrons leur fragilité, aimons leurs excellences, encourageons leurs vertus, satisfaisons leurs volontés, nous réjouissons de leur prospérité, avons compassion de leurs détresses, recevons leur amitié, passons par-dessus leur méchanceté, pardonnons leur malice, sommes un serviteur des serviteurs et condescendons aux tâches les plus basses de l'humanité. »

Lorsque nous commencerons à obéir à Dieu et à servir les autres avec la passion que nous avons pour nous-mêmes, nous découvrirons que l'humilité de *shachah* et *proskuneo* commencera à fleurir dans notre vie.

Nous commencerons à être moins pressés et plus en paix. Nous considérerons avec compassion ceux que nous avions l'habitude d'envier. Nous commencerons à nous intéresser à ceux que nous avions l'habitude d'ignorer. Et nous serons remplis d'un grand sens d'identification avec les ptochos – « les souffrants » que Jésus est venu chercher et sauver.

Mais plus important encore que tout cela, l'humilité de *shachah* et *proskuneo* nous transformera en vrais adorateurs, plus conscients de Dieu, plus prompts à le louer. Le service caché sera une prière vécue de reconnaissance, quand notre adoration spirituelle débordera sous la forme de service pratique et lorsque notre service nous conduira directement dans la louange et l'adoration de Dieu.

Chapitre sept

Donner et adorer

Nous avons vu que le Nouveau Testament nous presse d'offrir trois sacrifices d'adoration à Dieu:
- ◆ Le sacrifice de nos corps
- ◆ Le sacrifice de nos possessions
- ◆ Le sacrifice de notre louange

Même si nous considérons ces aspects de l'adoration séparément, dans ce chapitre et dans les chapitres 8 et 10, nous devons nous rappeler que les trois sont complémentaires et se recoupent. Ils sont tous un reflet de la vraie adoration, du vrai service en esprit et en vérité.

Dieu ne nous appelle pas à choisir entre les actes discrets du service et la générosité financière, ou entre une louange joyeuse et une aide pratique. Il nous appelle à l'adorer/le servir de tout notre être, c'est-à-dire autant dans le service, dans les dons que dans la louange. Si nous négligeons l'un de ces trois aspects, nous ne l'adorerons pas en esprit et en vérité.

Nous avons aussi vu que l'adoration est notre réponse humaine à l'initiative de Dieu dans la révélation, et que notre réponse est déterminée par la nature de Dieu. Par exemple, nous répondons par une adoration sainte parce que Dieu nous a montré qu'il était saint, nous répondons par le sacrifice de nous-mêmes parce que Dieu nous a révélé qu'il était lui-même comme le Dieu qui se sacrifie et nous répondons par la louange parce Dieu nous a montré qu'il est lui-même rempli de joie et de louange. Enfin nous répondons par un service consistant à laver les pieds parce que Dieu s'est révélé à nous comme le Dieu qui lave les pieds sales, et nous lui répondons en donnant tout parce que Dieu se révèle comme un Dieu qui donne.

Adorer en esprit et en vérité

Que nous pensions à Dieu en termes de création ou de rédemption, de grâce ou d'amour, de vérité ou de miséricorde, nous pouvons toujours voir qu'il est un saint donateur.

Donner dans l'Ancien Testament
Dans l'Ancien Testament, le peuple de Dieu répondait à la générosité pleine de grâce de Dieu sous trois formes de dons:

- Les sacrifices à Dieu
- Les dîmes aux pauvres et aux leaders religieux
- Les offrandes volontaires destinées à des projets particuliers

Les sacrifices
Les sacrifices étaient des dons qui étaient donnés directement à Dieu: nous les avons considérés dans le chapitre trois et nous les étudions avec encore plus d'attention dans le livre *Le Salut par la Grâce*. Nous avons vu que chaque fois que le peuple d'Israël se tournait vers Dieu, ils l'adoraient en lui offrant des sacrifices.

Certains croyants semblent penser que les Juifs offraient des sacrifices à Dieu seulement pour régler le problème de leur péché. Mais l'Ancien Testament montre qu'ils donnaient par leurs sacrifices dans les temps de joie comme dans les temps de larmes – ils donnaient à Dieu leur meilleur dans la reconnaissance, la consécration, l'intercession, la louange et l'adoration – autant que dans la repentance et que dans les demandes de pardon.

Les dîmes
La dîme était un don annuel de 10% du revenu familial qui était donné pour pourvoir à un revenu pour le pauvre et pour les responsables religieux. L'Ancien Testament ne précise pas l'organisation de la collecte des dîmes. La pratique semble avoir changé au cours des siècles. Lévitique 27:30-32, toutefois, montre clairement que la dîme de toute la récolte et

tous les animaux devait être donnée à Dieu. Chaque fois que le peuple de Dieu avait moissonné, un dixième de la récolte devait être donné. Une fois par année, les familles comptaient leurs animaux au moment de les faire sortir un par un dans le pâturage. Tous les dixièmes animaux comptés était mis à part pour la dime. Le but de ce tirage d'un animal sur dix était de s'assurer que la sélection soit équitable: les Israélites n'avaient pas le droit d'utiliser leur dime pour se débarrasser des animaux chétifs. D'un autre côté, ils n'étaient pas tenus, comme pour les sacrifices, de choisir les meilleurs.

De plus, et c'est important de le comprendre, la valeur de ce que les familles offraient sous formes de sacrifices durant l'année n'était pas déduite de la dime. Ils donnaient leurs sacrifices à partir des neuf dixièmes qui leur restaient sur leur revenu après prélèvement de leur dime.

Lévitique 27:30 et Malachie 3:6-12 montre que la dime appartenait à Dieu et était donnée à Dieu. Contrairement aux sacrifices, les dimes servaient de provision divine pour des classes particulières de personnes.

Il est important de noter que les dimes de l'Ancien Testament n'étaient pas utilisées pour payer des bâtiments ou soutenir des projets exceptionnels – ce genre de dépenses étaient couvertes par les offrandes volontaires. Au lieu de cela, les dimes étaient utilisées entièrement pour assurer un revenu aux personnes impliquées dans un ministère et pour ceux qui étaient dans un besoin désespéré.

Les offrandes volontaires
Les offrandes volontaires étaient habituellement données en vue de projets particuliers – spécialement pour construire ou entretenir des bâtiments. Par exemple:

- L'offrande du tabernacle – Exode 25:1-4; 35:1-29 et 36:2-7.
- L'offrande destinée au premier temple – 1 Chroniques 28 et 29

Adorer en esprit et en vérité

- ◆ L'offrande destinée au second temple - Esdras 1:2-6; 2:68-69; 3:5; 7:16 et Néhémie 7:70-72.

Ces offrandes n'étaient pas des dimes, car les Israélites n'étaient pas tenus de donner un pourcentage fixe de leur revenu pour ces offrandes. Elles étaient « volontaires », ainsi le peuple n'était pas obligé de contribuer: ceux qui étaient d'accord pouvaient choisir dans le cœur de donner le montant qu'ils voulaient, que ce fut un gros ou un petit montant. Les offrandes étaient toujours très spécifiques – les Israélites savaient ce qui était demandé et à quoi leurs dons seraient utilisés – et ils arrêtaient de donner lorsque la quantité donnée correspondait aux besoins du projet.

Le peuple de Dieu avait aussi le devoir de pourvoir aux besoins des pauvres généreusement par des offrandes volontaires régulières – nous le voyons par exemple dans Deutéronome 10:17-19; 15:7-11; 24:10-22 et Esaïe 58:6-11.

Donner dans les Evangiles

Nous avons souvent noté dans cette série *Epée de l'Esprit* que Jésus a plus enseigné sur le sujet des finances que sur n'importe quel autre sujet à l'exception du royaume de Dieu. Jésus a consacré beaucoup de temps sur les sujets d'argent et Marc 12:41 rapporte qu'il observait comment les gens donnaient lorsqu'ils venaient adorer au temple, qu'il discernait dans quel esprit ils donnaient et qu'il faisait des commentaires sur l'importance de leurs dons.

Matthieu 6:24 est la base de tout l'enseignement de Jésus sur l'argent: il insiste pour montrer qu'il s'agit d'une puissance – un faux dieu – qui cherche à dominer sur les gens et à les rendre esclaves. Cela explique pourquoi nous trouvons si difficile de donner de l'argent et pourquoi une grande partie de l'enseignement de Jésus sur les finances est donné dans un contexte d'évangélisation.

L'enseignement de Jésus sur la générosité

Dans Luc 3:8-11, Jean Baptiste enseigne que le fait de donner

Donner et adorer

devrait être le premier fruit de la repentance. Jésus souligne souvent que donner fait partie de notre engagement envers lui. Nous le voyons par exemple dans Matthieu 19:23-26; Luc 5:1-11; 12:33-34 et 18:18-23.

Dans sa célèbre parabole des brebis et des boucs dans Matthieu 25:31-46, Jésus montre clairement que Dieu veut que nous donnions généreusement aux pauvres. Et dans Luc 11:42, il souligne qu'en soi, bien donner sa dîme ne suffit pas. Nous devons donner des dons volontaires aux pauvres aussi: ce principe est illustré de manière impressionnante dans Luc 10:29-37.

Luc 16 contient l'enseignement de Jésus le plus complet sur l'utilisation de l'argent, qu'il illustre par l'histoire d'un homme riche et d'un certain Lazare. Son enseignement le plus frappant sur le fait de donner se trouve dans le sermon sur la montagne, dans Matthieu 5:42. Jésus répète ce principe de base dans Luc 6:30-38 (nous ne devons jamais oublier que les récompenses promises au verset 38 se rapportent aux dons demandés au verset 30).

Dans Matthieu 6:1-3, Jésus suit son enseignement sur le fait de donner en décrivant comment nous devrions donner. Il explique que nous passons à côté de notre récompense céleste si nous attirons l'attention sur notre don. Il continue aux versets 19-21 à parler sur les trésors que nous amassons dans le ciel plutôt que d'investir dans les trésors terrestres qui sont périssables et vains.

Ensuite, en référence aux nécessités pratiques de la vie quotidienne comme la nourriture et les vêtements, Jésus encourage les croyants à « chercher d'abord le royaume de Dieu » et promet que « toutes ces choses vous seront données en plus », au verset 33.

Luc 14:12-14 rapporte les instructions de Jésus sur l'hospitalité: une fois de plus, il montre que Dieu veut que nous fassions de cette générosité envers les pauvres notre priorité – car de cette manière c'est à Dieu qui nous donnons. Matthieu 17:24-27; 22:15-22; Marc 12:13-17 et Luc 20:20-26 montrent

Adorer en esprit et en vérité

que Jésus enseignait aussi le peuple à payer ses impôts – et que lui-même les payait.

Jésus a aussi parlé sur les dimes dans Matthieu 23:23. Ici Jésus reprend les Pharisiens qui, du fait qu'ils donnaient leur dime méticuleusement, ne pensaient pas qu'il soit important de mettre l'accent sur des choses plus importantes telles que la justice, la miséricorde et la fidélité (ou la foi). Il est intéressant que Jésus ne leur reproche pas de donner leur dime – il confirme plutôt leur observance mais il s'assure de l'ancrer dans une attitude de cœur correcte et de la mettre dans le contexte de « ce qui est plus important dans la loi ».

Cette question nous amène à celle de l'attitude de Jésus face à la loi, sur laquelle nous nous penchons plus longuement dans *Le Règne de Dieu*. Incontestablement, le Nouveau Testament enseigne que Christ a accompli la loi comme nous le voyons dans Romains 10:4; Galates 3:23-25 et Ephésiens 2:15. Christ a accompli à la fois les paroles prophétiques de la loi le concernant (Luc 24:44) et les exigences de la loi qui demandait une parfaite obéissance (Galates 3:10-13). Cela signifie que la loi n'a plus d'effet contraignant sur le chrétien comme l'aurait une institution légale, que ce croyant soit Juif ou chrétien. C'est pourquoi nous trouvons des passages de l'Ecriture comme celui de Marc 7:19 dans lesquels Jésus déclare que tout aliment est pur.

Mais cela ne signifie pas que pour nous, chrétiens aujourd'hui, la loi n'a rien à nous enseigner (1 Corinthiens 9:8-10). Notons que sur le plan moral, Jésus affirmait les principes divins de la loi et appelait ses disciples à des standards plus élevés que ceux exigés par la loi. Par exemple, dans Matthieu 5:21-22 et 27-28, Jésus compare la colère au meurtre et la convoitise à l'adultère. Il savait qu'il était possible de se retenir de tuer tout en continuant à haïr, ou de se retenir de commettre un adultère tout en gardant de la convoitise dans le cœur. C'est pour cette raison qu'il conduit ses disciples à dépasser la lettre de la loi pour entrer au cœur du problème. Toutefois, la loi mosaïque en tant que système central de régulation du rapport entre Israël et Dieu avait été totalement accomplie par la vie, le ministère, la mort et la résurrection de Jésus. Cela signifie qu'aujourd'hui, les chrétiens ne sont donc pas tenus de vivre sous la loi.

Quelles sont alors les implications de ce qui précède en ce qui concerne la dime? On pourrait même dire que la confirmation donnée par Jésus au sujet de la dime dans Matthieu 23:23 n'avait été donnée que parce qu'il s'adressait à un public juif. S'il s'était adressé à des païens, il aurait peut être dit quelque chose de tout à fait différent. Quels que soient les mérites d'un tel raisonnement, cette logique ne tient pas compte du principe de la dime. Elle a été établie avant la loi. Comme nous le verrons ci-après dans notre discussion sur Hébreux 7, les chrétiens ne devraient pas donner leur dime sur la base de ce que dit la loi. Ils devraient donner leur dime parce qu'ils ont compris la portée du ministère de Christ notre souverain sacrificateur. Il est significatif que Jésus ne remette jamais la dime en question. Il la confirme plutôt dans le seul passage biblique qui permette de vérifier son point de vue sur le sujet (il mentionne aussi le pharisien qui donnait sa dime dans la parabole de Luc 18:9-14). En conclusion, nous donnons notre dime parce qu'il s'agit d'un principe bon, divin, qui transcende la loi de Moïse.

Rencontres de Jésus à propos des dons

Les Evangiles rapportent qu'à plusieurs occasions, des personnes ont donné à Jésus, Jésus leur a demandé de donner, et il a commenté sur la manière dont les gens donnaient. Par exemple:

- ◆ Des hommes sages ont adoré Jésus par leurs dons – Matthieu 2 :9-12

- ◆ Des femmes ont adoré Jésus en l'oignant – Matthieu 26:6-13, Marc 14:3-9, Luc 7:36-50 et Jean 12:1-11

- ◆ Des femmes ont participé pratiquement au soutien du ministère de Jésus – Luc 8:1-3 ; 10:38-42, Jean

Adorer en esprit et en vérité

11:1-45 et 12:1-12

- Joseph a donné son tombeau à Jésus – Matthieu 27:57-60, Marc 15:42-47 et Luc 23:50-54
- Cléopas et ses compagnons ont donné un repas à Jésus – Luc 24:13-35
- Un jeune homme riche a refusé de donner selon les indications reçues – Matthieu 19:16-22, Marc 10:17-22 et Luc 18:18-23
- Zachée a donné plus que ce que Jésus demandait – Luc 19:1-10
- Un jeune garçon a donné son repas à Jésus – Jean 6:9
- Une veuve a donné tout ce qu'elle avait dans l'adoration – Marc 12:41-44 et Luc 21:1-4
- Un lépreux a obéi à Jésus et lui a donné sa reconnaissance – Matthieu 8:1-4, Marc 1:40-44 et Luc 5:12-14.

Les dons du jeune garçon et de la veuve sont particulièrement significatifs. Du point de vue terrestre, ces deux dons paraissent petits. Du point de vue céleste, toutefois, ils sont immenses. Selon Jésus, les deux pièces de la femme, les plus petites à l'époque, valaient plus que les contributions cumulées de tous les autres adorateurs!

Cela montre que Dieu ne mesure pas ce que nous donnons dans l'adoration, il mesure ce que nous gardons pour nous. Le don du petit garçon pouvait paraître petit à vue humaine, mais – parce qu'il a donné tout ce qu'il avait, c'était un don énorme dans le ciel. Il a permis au peuple de bénéficier de la taille spirituelle du don de cette enfant.

Cela signifie que ceux qui donnent le moins peuvent en fait être de ceux qui donnent le plus, et que ceux qui font les dons les plus importants ne peuvent en fait ne donner qu'une toute petite contribution. Nous n'avons pas besoin de nous inquiéter

Donner et adorer

de la modestie de nos dons – si c'est tout ce que nous avons – car Dieu peut l'utiliser de manière extraordinaire.

Donner dans la première église
L'histoire de la première église commence avec un don spécial de Dieu. Actes 2:1-4 décrit comment Dieu s'est donné lui-même, en donnant son Esprit, sa puissance etc. Il a donné librement, sans attacher de conditions à son don, à ceux-là même qui avaient abandonné et renié son Fils seulement quelques semaines auparavant.

En conséquence directe du don de Dieu, environ 3000 personnes vinrent à la foi et furent baptisées ce jour-là. C'est la première mention dans le Nouveau Testament du principe selon lequel les dons le l'action de donner conduisent à la croissance.

La communauté qui donnait
Actes 2:42-47 décrit ce qui s'est passé pour les nouveaux convertis. Leur repentance se manifesta par un changement dans leur comportement vis-à-vis de l'argent. Donner devint une priorité dans leur vie qui était maintenant consacrée à Dieu.

Lorsqu'ils voyaient un besoin, ils donnaient en vue d'y répondre et leur don conduisait à l'adoration et la louange. Leur générosité les rendait heureux, elle impressionnait leur entourage et conduisit à une croissance extraordinaire de l'église.

Actes 3:1-9 montre que la généreuse communauté était conduite par des leaders qui donnaient. En effet l'histoire raconte comment Pierre et Jean donnèrent à un mendiant boiteux. Ils ne restèrent pas indifférents aux besoins de cet homme. Ils ne lui donnèrent pas les quelques sous qui étaient dans leurs poches. Au lieu de cela, ils promirent de lui donner ce qu'ils avaient. Nous ne devons pas nous enthousiasmer à propos du miracle au point d'oublier l'esprit généreux dans lequel les apôtres ont agi.

Adorer en esprit et en vérité

Actes 4:32-35 décrit la générosité des croyants. De nouveau ici, nous devons faire attention de ne pas considérer le témoignage des apôtres hors de ce contexte de libéralité. Le don des croyants faisait partie du témoignage de la résurrection de Jésus. Ils donnaient de manière sacrificielle en réponse au don sacrificiel de Jésus; leur générosité prouvait que Jésus était vivant.

Il y a un développement important à noter dans ces versets. Pour la première fois, la première Eglise a commencé à organiser la manière de donner afin d'utiliser les dons de manière plus efficace. Au lieu de donner aux pauvres directement seulement, les croyants donnèrent aussi à un fond central qui répartissait les dons pour répondre aux besoins les plus pressants.

Dans l'Ancien Testament, la dime de la troisième année était récoltée dans chaque ville pour créer une réserve commune à partir de laquelle on pouvait nourrir les pauvres. Il semble que la première Eglise ait suivi ce modèle.

Ananias et Saphira

Luc, l'auteur du livre des Actes, semble utiliser les contrastes de manière délibérée dans ses deux livres. Nous avons vu comment il fait ressortir la différence entre le jeune homme riche et Zachée. Ici, dans Actes 4:36 à 5:11, il semble opposer l'exemple de Barnabas à celui d'Ananias et son épouse.

Barnabas vendit un champ et donna le produit de la vente au fond commun de l'église. Ananias et Saphira vendirent aussi une propriété mais ne donnèrent qu'une partie du produit de leur vente au fond commun. Ils voulaient les honneurs publics pour leur générosité, mais ils ne pouvaient pas supporter de se séparer de la totalité de leur argent.

Pierre le dit clairement dans Actes 5:4. Il explique qu'Ananias et Saphira n'étaient pas obligés de vendre leur propriété et qu'ils auraient très bien pu ne donner qu'une partie du produit de leur vente. Mais ils avaient menti, parce qu'ils ne pouvaient pas admettre qu'ils ne donneraient pas le tout.

La mort d'Ananias et celle de Saphira dans Actes 5:5-11 sont

Donner et adorer

pour nous un terrible avertissement. De même que l'histoire du monde commence par le rejet du don de Caïn, de même l'histoire de l'église commence par le rejet par Dieu d'un couple dont le don ne pouvait lui plaire.

Les problèmes liés aux dons
Actes 6:1-7 décrit l'un des premiers problèmes qui surgit dans la première église. Le nombre des convertis avait augmenté si rapidement qu'en dépit du fond commun, un groupe de veuves était méprisé dans la distribution quotidienne. Les apôtres avaient tellement à faire qu'ils ne pouvaient assurer en même temps la prédication et la distribution.

Les apôtres résolurent le problème en déléguant. Ils choisirent sept hommes remplis de l'Esprit pour être conjointement responsables des finances et pour s'assurer que les dons apportés soient bien administrés. En prenant ainsi les dons au sérieux, la parole de Dieu grandit et le nombre des disciples se multiplia grandement à Jérusalem.

Des croyants qui donnent
Il semble que pour autant que Luc soit concerné, la générosité est la caractéristique de base d'un chrétien. Dans son Evangile, il fait plusieurs commentaires sur la manière dont les gens donnent, par exemple le Centurion de Capernaüm dans 7:5-6, Jeanne et Suzanne dans 8:1-3, Zachée dans 19:8-10, la veuve dans 21:1-4 et Joseph dans 23:50-54.

Il en est de même dans son second livre – par exemple, Barnabas dans Actes 4:36-37, Dorcas dans Actes 9:36-39 et Corneille dans Actes 10:1-2.

Donner à ceux qui sont au loin
Actes 11:27-30 rapporte un développement important dans les dons. Barnabas et Paul enseignaient les croyants non Juifs à Antioche en Syrie – à environ 600 km au nord de Jérusalem - lorsqu'ils furent visités par des prophètes qui annoncèrent une grande famine.

Adorer en esprit et en vérité

Les prophètes ne dirent pas aux croyants d'Antioche ce qu'ils avaient à faire, mais les avertirent seulement des besoins futurs. Les disciples décidèrent d'eux-mêmes de répondre à ce besoin par une offrande volontaire pour les chrétiens habitant en Israël.

Jusqu'à ce moment-là, les dons avaient toujours pourvus à des besoins locaux. Les dimes, les sacrifices et les offrandes avaient été donnés à des leaders locaux et aux pauvres de la région. Les croyants réalisaient maintenant qu'ils avaient donc aussi une responsabilité pour des personnes qui étaient dans le besoin mais qu'ils n'avaient jamais rencontrées ni vues.

Il est intéressant de noter que ces croyants d'Antioche furent les premiers à être nommés chrétiens. Si nous choisissons de nous appeler du même nom que les disciples d'Antioche, nous devrions peut être aussi nous décider à donner comme ils l'ont fait.

Paul et son message d'adieux
Actes 20:17-37 rapporte que le sermon d'adieux de Paul aux croyants d'Ephèse qu'il avait servis pendant plus de deux années. Il aurait pu prêcher sur n'importe quel sujet, mais il choisit d'enseigner sur la générosité. Il aurait pu choisir n'importe quel texte, mais il choisit des paroles de Jésus sur ce thème de donner.

Le fait de donner était tellement important aux yeux de Paul qu'il axa ses dernières paroles sur ce thème. Chaque fois que ces disciples d'Ephèse se rappelleraient de Paul dans l'avenir, ils se souviendraient de son message d'adieux.

La parole de Jésus citée dans Actes 20:35 n'apparaît pas dans les Evangiles. Mais elle résume l'enseignement de Jésus et de Paul – et caractérise la vie de la première église. Ils savaient que donner apportait la joie, et ils reconnaissaient que donner apporte la croissance – et que c'était le chemin de Dieu pour son peuple.

Le thème choisi par Paul pour son dernier message ne nous surprend pas, car le livre des Actes montre que Paul était

Donner et adorer

toujours prêt à faire des offrandes pour les besoins des autres. Nous avons vu qu'il était personnellement présent à Antioche lorsqu'ils donnèrent une généreuse offrande pour ceux qui souffraient de la famine et que c'est lui qui apporta l'argent à Jérusalem, accompagné par Barnabas. Des passages tels que Romains 12:8, 13, 20 et 15:27-29 reflètent le souci de Paul: il désirait que les chrétiens donnent généreusement.

Les dimes et les sacrifices
Nous avons vu que les premiers chrétiens payaient encore leur dime aux leaders religieux juifs et faisaient encore leurs sacrifices dans le temple de Jérusalem. Ils le faisaient tout simplement parce qu'ils étaient Juifs.

Toutefois, lorsque les non-Juifs furent accueillis en tant que croyants en Jésus, il y eut des disputes quand à savoir quelles règles de la loi ils devaient observer. Après la conférence à Jérusalem, les apôtres décidèrent que les croyants issus du paganisme devaient seulement s'abstenir des mariages illicites, de toute chose polluée par les idoles et des animaux étouffés (le sang). Ils n'étaient donc pas tenus d'offrir des sacrifices ni d'être circoncis, ni de donner leur dime selon la loi de Moïse.

Mais même si la première église n'avait pas un système légaliste de dime, ils reconnaissaient que ceux qui exerçaient le ministère avaient besoin d'un revenu correct. Paul en parle clairement dans 1 Timothée 5:17. Et lorsqu'ils arrêtèrent d'offrir leurs sacrifices dans le temple, ils commencèrent à donner des sacrifices sous d'autres formes. Nous le voyons par exemple dans Romains 12:1, Ephésiens 5:1-2, Philippiens 4:15-20 et Hébreux 13:16.

Quelques enseignants rejettent la dime en tant que principe du Nouveau Testament. Il est tout à fait clair qu'il n'agit pas d'une loi du Nouveau Testament. Toutefois, donner est une partie importante de notre adoration et notre adoration et nos dimes en particulier sont une réponse adaptée pour quelqu'un qui reconnaît le ministère de souverain sacrificateur de Jésus.

Adorer en esprit et en vérité

Dans ce sens, nous pouvons regarder ce que dit l'épitre aux Hébreux, un livre qui exalte la personne et l'œuvre de Jésus comme aucun autre et qui prend le soin de nous montrer à quel point la nouvelle alliance en Jésus est meilleure que celle de Moïse. Très souvent, l'auteur s'évertue à nous montrer comment la nouvelle alliance surpasse l'ancienne. Il est toutefois instructif de noter comment il traite « l'ancien » principe de la dime.

Au chapitre 7, l'auteur de l'épitre aux Hébreux fait une comparaison entre donner sa dime sous la loi et donner sa dime sous la grâce. Il distingue entre les deux alliances (l'ancienne et la nouvelle), les deux sacerdoces (celui de Lévi et celui de Melchisédek) et les deux dimes (celle d'Abraham et celle de la loi). Il est significatif que l'auteur honore la dime d'Abraham faite à Melchisédek et souligne aussi – par exemple dans 6:20 – le fait que Jésus est souverain sacrificateur selon l'ordre de Melchisédek. L'implication est que de même que la dime d'Abraham a apporté la gloire et l'honneur à Melchisédek, la dime aujourd'hui est une réponse évidente au ministère de souverain sacrificateur de Jésus.

Ceci dit, donner la dime n'est plus une loi et les responsables d'église ne peuvent et ne devraient pas forcer ni manipuler leurs membres à donner leur dime s'ils ne le veulent pas. Sous la loi la dime était comme un impôt. Sous la grâce, il s'agit d'un acte volontaire de reconnaissance qui apporte l'honneur au ministère de souverain sacrificateur de Jésus.

La dime aujourd'hui est un indicateur utile de standard minimum de la générosité chrétienne et il est notable que de nombreuses bénédictions soient associées à la pratique de la dime et des offrandes – Malachie 3:10 et 2 Corinthiens 9:6, par exemple. Mais finalement – comme Paul le dit dans 2 Corinthiens 9:7, chaque chrétien doit donner selon ce qu'il ou elle a résolu dans son cœur, conduit par le Saint-Esprit et en proportion de son revenu – 1 Corinthiens 16:2.

Donner et adorer

Les faux docteurs
Certains leaders abusent de l'enseignement de Paul sur le « double honneur » et pressent les chrétiens de leur donner personnellement une offrande. Le Nouveau Testament relève ce danger et considère de tels prédicateurs comme de faux docteurs – dans, par exemple, 1 Timothée 6:2-13 et 2 Pierre 2:3.

Les chrétiens qui sont riches
Il y a quelques chrétiens qui, comme Barnabas, Zachée, Marie et Marthe – ont une certaine aisance. Dieu les a bénis financièrement.

1 Timothée 6:17-19 nous donne les instructions de l'apôtre Paul à leur sujet. Il ne leur demande pas de donner tout leur argent et de faire vœu de pauvreté. Au lieu de cela, il leur rappelle leur responsabilité particulière d'être généreux, et le danger de dépendre de fausses richesses.

Apocalypse 3:15-33 explique que l'église de Laodicée était prospère, mais elle a été condamnée, non parce qu'elle était riche, mais parce qu'elle avait mis sa confiance dans les mauvaises sortes de richesses.

La générosité
Nous avons déjà vu que 2 Corinthiens 8-9 contient plus d'enseignement sur le fait de donner que toute autre partie du Nouveau Testament. Dans ces chapitres importants, l'apôtre Paul presse les chrétiens de Corinthe d'égaler la générosité des croyants de la ville de Philippe, et il donne trois raisons pour lesquelles les Corinthiens devraient donner avec une grande générosité:

- ◆ Pour prouver la sincérité de leur amour
- ◆ Pour suivre l'exemple de Christ
- ◆ Pour amener l'égalité entre les chrétiens

Paul finit ses deux chapitres sur le fait de donner dans 9:6-15 avec une série de demandes et de promesses qui ont leur valeur. Mais plus important encore, il conclut en soulignant que

Adorer en esprit et en vérité

notre don devrait être fait en reconnaissance pour ce que Dieu nous a donné. De plus, il explique que notre don provoquera la louange, l'action de grâce et l'adoration d'autres chrétiens.

Chapitre huit

Se réjouir et adorer

Proverbes 8 et 9 font partie des chapitres prophétiques les plus remarquables de la Bible. Comme nous le voyons dans *Le Ministère dans l'Esprit*, la plupart des prophètes de l'Ancien Testament disent les paroles de *Yahvé* et annoncent ses pensées. En revanche, dans Proverbes 8:4-36 et 9:4-12 ce sont les paroles de Sagesse qui sont rapportées.

Proverbes 8:22-30 sous-entend que *Sagesse* est un être à la fois « divin » et « distinct de Dieu ». C'est donc l'un des rares passages de l'Ancien Testament qui suggère que par nature, Dieu est « plus qu'un ». Nous considérons ces choses plus à fond dans *Connaître le Père*.

Nous voyons dans *Connaître le Fils* que la plupart des prophéties de l'Ancien Testament pointent sur le Messie, le serviteur de Dieu, le fils de David, Jésus. Proverbes 8 et 9 vont plus loin que cela car ils reproduisent les paroles de Jésus lui-même avant son incarnation.

Une étude attentive de ces chapitres montre que les paroles de *la Sagesse de Dieu* font remarquablement écho à l'enseignement sur *la Parole de Dieu* dans l'Evangile de Jean et l'accomplissent.

Proverbes 8:22-31 est la description biblique la plus complète de l'activité de Dieu avant la création. Le verset 30 nous montre qu'au cœur de la vie de Dieu alors, existait une « joie dans la relation ». Cette joie doit donc, du fait que Dieu est cohérent avec lui-même – être au cœur de sa vie aujourd'hui et pour toujours.

Dieu n'a pas créé le monde parce qu'il s'ennuyait. Il l'a fait parce qu'il se réjouissait dans les relations intérieures à lui-même. La variété, la vie, la beauté de la création sont

Adorer en esprit et en vérité

simplement une expression du débordement de la joie de Dieu en et avec lui-même.

Le verset 31 décrit Dieu se réjouissant dans le monde nouveau – et son plaisir est confirmé par l'expression souvent répétée de Genèse 1 selon laquelle il trouva tout cela « bon ».

La joie du Seigneur
Cette joie divine est au cœur de la vie de Jésus. Luc 2:10 rapporte qu'il est entré dans le monde sur une note de grande jubilation. Luc 19:37 décrit la joie du peuple lorsqu'il entra à Jérusalem. Jean 15:11 le montre en train de léguer sa joie à ses disciples alors qu'il se prépare à quitter le monde.

En particulier, les deux premiers chapitres de l'Evangile de Luc sont construits sur un arrière-plan de joie intense. Par exemple:

- Les anges disent à Zacharie que beaucoup se réjouiront à la naissance de son fils – 1:14
- Les premières paroles de l'ange à Marie sont « réjouis-toi ! » – 1:28
- Elisabeth et son enfant à naître se réjouissent lorsqu'ils voient Marie et réalisent qui est l'enfant qui se trouve dans son sein – 1:44
- Marie se réjouit – 1:47
- Les voisins se réjouissent – 1:58
- Zacharie se réjouit – 1:64
- L'ange apporte aux bergers des nouvelles qui seront le sujet d'une grande joie – une joie qui doit être partagée avec tout le peuple – 2:10
- L'armée du ciel se réjouit – 2:20
- Anne se réjouit – 2:38

Se réjouir et adorer

L'année du Jubilée
Luc utilise cet air général de joie pour préparer le chemin de l'annonce faite par Jésus dans Luc 4:18-19 – texte que nous étudions dans *Atteindre les Perdus*.

Beaucoup d'érudits sont convaincus que « l'ordre de mission » de Jésus était la proclamation d'une nouvelle année de Jubilée. Dans Luc 4:19, Jésus déclare qu'il a été oint de l'Esprit pour annoncer une « année de grâce du Seigneur ». C'est « l'année de la faveur du Seigneur », l'année que Dieu dans sa grâce a désignée pour montrer son salut.

Il semble que cette expression désigne « l'année du Jubilée » qui avait été établie dans Lévitique 25. Il s'agissait d'une année de libération, tenue une fois tous les cinquante ans. Durant cette année-là les champs étaient laissés en friches, les dettes étaient effacées, les esclaves libérés et toutes les propriétés retournaient à leur premier propriétaire.

Si cette interprétation de Luc 4:19 est juste, ce texte signifie que « l'année du Jubilée », comme toutes les autres fêtes rituelles – était un symbole prophétique ou une préfiguration de la réalité de la mission salvatrice de Jésus. Aussi merveilleuse que fut cette année de Jubilée, elle n'était qu'un avant-goût du Jubilée ultime qui était annoncé et accompli par Jésus.

L'année du Jubilé était un temps de jubilation continuelle qui célébrait la provision généreuse et pleine de grâce de Dieu. Lévitique 25:21 montre qu'on pouvait faire confiance à Dieu pour qu'il pourvoie à ce qui était nécessaire. Toute cette réjouissance d'une année entière était fondée sur cette provision gracieuse du Seigneur.

Si Jésus déclarait qu'il avait été oint pour inaugurer l'année ultime du Jubilée, cela signifiait que l'ère du salut devait être vécue dans une joie continuelle basée sur cette provision de grâce de Dieu.

Il devrait être évident que la jubilation, les grandes réjouissances sont la seule réponse appropriée lorsque le pauvre et celui qui souffre entendent la Bonne Nouvelle, lorsque les captifs sont libérés, lorsque les aveugles recouvrent la vue et lorsque les opprimés sont libérés. Bien sûr, il y a des implications sociales énormes à ce concept de cette année perpétuelle de Jubilée. Car nous ne pouvons pas seulement « spiritualiser » la restructuration progressive de l'organisation de notre société en vue d'apporter une plus grande égalité entre les hommes.

Le salut de Jésus a apporté un degré de pardon, de guérison, de délivrance et d'égalité qui étaient inimaginables à l'époque des Jubilées de l'Ancien Testament. Son salut, toutefois, n'a pas aboli les dimensions sociales des Jubilées de l'Ancien Testament. Au lieu de cela, cette dimension sociale a été accomplie et complétée dans le salut de Jésus et amenée à un niveau beaucoup plus élevé.

Qu'importe qu'il nous soit difficile de comprendre les dimensions séculières du salut et de les mettre en œuvre telles que nous les considérons dans *Connaître le Père*, nous ne devons jamais oublier que Jésus inaugurait un jubilée perpétuel. Pour Jésus, l'ère du salut, l'ère de l'Esprit, l'ère de l'Eglise sont sensées être un temps de grande réjouissance.

La jubilation qui se trouve au centre de l'être de Dieu est sensée remplir son peuple. La joie que Dieu vit en lui-même est sensée être notre joie en lui. La joie qu'il a exprimée à la vue de sa création originale est sensée être notre joie les uns dans les autres et dans toute la création. La joie qu'il a articulée à la vue de son Fils à son baptême et à sa transfiguration est sensée être notre joie dans son Fils et sa gloire etc.

Nous avons vu que notre réponse à Dieu devrait être déterminée par la révélation qu'il nous donne – à savoir que nous donnons parce qu'il a donné, nous servons parce qu'il sert, nous sacrifions parce qu'il s'est sacrifié etc. De la même manière, notre réponse à sa révélation de sa joie et de sa jubilation devrait être de vivre dans le jubilée perpétuel de l'Esprit avec une grande joie.

La joie biblique
Dans les Ecritures, la joie est toujours une qualité plutôt

qu'une simple émotion. Elle est fondée en Dieu, elle provient de lui, elle est une caractéristique du peuple de Dieu, un avant-goût de la joie d'être avec Dieu pour toujours dans le royaume des cieux. Nous le voyons par exemple dans le Psaume 16:11, Romains 15:13, Philippiens 4:4, 1 Pierre 1:8 et Apocalypse 19:7.

La joie dans l'Ancien Testament
Simchah et *sameach* sont les mots hébreux habituels pour « joie » et « se réjouir ». Ils sont utilisés au sujet des célébrations lors des fêtes et des sacrifices – Deutéronome 12:6-7; 1 Samuel 18:6 et 1 Rois 1:39-40.

Simchah n'était pas seulement exprimée lors d'événements planifiés à l'avance, car le livre des Psaumes montre que la joie spontanée faisait partie de l'adoration collective et individuelle – par exemple Psaume 4:8; 42:5; 43:4 et 81:2.

La joie est un thème particulier du prophète Esaïe: il révèle qu'elle est associée à la plénitude du salut de Dieu et qu'elle sera complétée et accomplie dans l'avenir – par exemple, Esaïe 49:13 et 61:1-10.

La joie du Nouveau Testament
Chara et *chairo* sont les mots grecs les plus usités pour les mots « joie » et « se réjouir ». Ils se réfèrent à une « joie intense » et sont proches de *charis* – qui est le mot grec pour « grâce ».

Cette relation entre *chara* et *charis* doit sous-entendre que *chara*, la joie humaine, est la seule réponse appropriée à *charis*, la grâce divine. Jean 15:11 et 16:22-24 établit que c'est Jésus lui-même qui communique cette joie, et qu'elle est le résultat de notre profonde communion avec lui par sa grâce.

Actes 2:46; 8:8; 13:52 et 15:3 montrent que cette joie intense caractérise la vie de la première Eglise: par exemple, elle accompagne le don de l'Esprit, les miracles accomplis au nom de Christ, la conversion des païens et la célébration du repas du Seigneur. Dans ses lettres, l'apôtre Paul enseigne quatre principes à propos de *chara*:

Adorer en esprit et en vérité

- La conversion et les progrès de la vie chrétienne sont une cause de joie – Philippiens 2:2 et 1 Thessaloniciens 2:19-20.
- Souffrir pour la cause de Christ peut conduire à la joie, parce que cette joie est produite par le Seigneur et non par nous-mêmes – 2 Corinthiens 6:10 et Colossiens 1:24.
- C'est le fruit dynamique du Saint-Esprit – Galates 5:22
- Chaque croyant est appelé à partager la joie de Christ en communiant avec lui et en pratiquant cette joie dans la connaissance de lui-même et de son salut – Philippiens 3:1; 4:4 et 1 Thessaloniciens 5:16.

Une joie intense fondée sur la grâce est tellement ancrée dans l'ABC du Nouveau Testament qu'il est facile de sous-estimer la variété considérable d'occasions et de raisons de se réjouir qui y sont décrites. Les chrétiens se réjouissent par exemple dans:

- Le Seigneur – Philippiens 3:1 et 4:4
- Son incarnation – Luc 1:14
- Sa puissance – Luc 13:17
- Sa présence avec le Père – Jean 14:28
- Sa présence avec eux – Jean 14:28
- Son triomphe final – Jean 8:56
- Le fait d'entendre l'Evangile – Actes 13:48
- Leur salut – Actes 8:39
- Recevoir le Seigneur – Luc 19:6
- Leur enrôlement au ciel – Luc 10:20
- Leur liberté en Christ – Actes 15:31

Se réjouir et adorer

- Leur espérance – Romains 12:12
- Leur récompense – Matthieu 5:12
- L'obéissance d'autres croyants – Romains 16:19
- La proclamation de Christ – Philippiens 1:18
- La moisson de l'évangile – Jean 4:36
- Les souffrances partagées avec Christ – Actes 5:41
- Souffrir pour la cause de l'évangile – 2 Corinthiens 6:10
- La manifestation de la grâce – Actes 11:23
- La rencontre d'autres croyants – 1 Corinthiens 16:17
- Recevoir des signes de relation fraternelle – Philippiens 4:10
- La joie d'autres personnes que nous-mêmes – Romains 12:15
- Le fait d'apprendre que d'autres vont bien – 1 Thessaloniciens 3:6

Une fois que nous sommes attentifs à la présence de cette joie intense et des grandes réjouissances qui sont décrites le Nouveau Testament, nous commençons à prendre conscience d'un esprit de joyeuse célébration festive qui n'apparaît pas toujours dans une grande partie de l'Eglise aujourd'hui.

Mais nous ne jouirons pas d'une vie vraiment biblique si notre service dévoué et notre bonne doctrine ne sont pas allégés par des temps de célébration intense dans la joie du Seigneur.

Le sacrifice de louange
Néhémie 8:10 est probablement le verset le plus connu sur la joie et il montre que la joie de Dieu en nous nous rend fort. Les gens ne peuvent pas aller très loin dans la persévérance sans la joie. Nous pouvons pratiquement tout commencer par un acte

de notre volonté personnelle, mais nous ne persévérerons pas dans les difficultés et l'adversité sans l'expérience ou l'attente d'une joie réelle.

Dans la série *Epée de l'Esprit*, nous nous référons souvent à l'obéissance de l'évangile et nous la comparons à l'obéissance que Dieu demandait sous l'ancienne alliance. Sans un esprit de joie, toutefois, l'obéissance de l'évangile peut devenir une mécanique sans vie ressemblant de très près à l'obéissance légaliste des Pharisiens d'Israël.

Nos paroles et nos actions devraient être caractérisées par une joie intense et une grande reconnaissance. En effet, nos paroles et nos actions devraient être une réponse à l'initiative pleine de grâce de Dieu. Nous ne prononçons et ne faisons que ce que nous l'entendons nous dire, et parce que nos paroles et nos actions viennent du Dieu totalement cohérent avec lui-même, elles sont accompagnées de sa joie personnelle.

Le chemin vers la joie
Nous pouvons dire que nous sommes appelés à obéir à Dieu avec joie à cause de sa grâce. Mais nous pouvons aussi dire que la joie vient par grâce, dans l'obéissance – que la joie résulte de l'obéissance.

Dans Luc 11:27-28, par exemple, Jésus enseignait que ceux qui vivaient en obéissance à la parole de Dieu étaient plus bénis que sa propre mère, celle qui avait donné naissance au Messie.

C'est la raison pour laquelle le Nouveau Testament nous appelle au sacrifice coûteux de la louange. Nous n'obtenons pas la joie facilement en chantant simplement quelques chants d'une manière particulière; nous obtenons la joie par le sacrifice, par l'obéissance de l'évangile.

Nous considérons les béatitudes de Jésus dans Matthieu 5:3-12 en détails dans Le Règne de Dieu, et nous voyons qu'elles impliquent une progression spirituelle qui culmine dans la réjouissance et une grande joie.

La plupart des anciennes traductions de la Bible en anglais

Se réjouir et adorer

traduisent makarios par « bénis » pour souligner que cette qualité vient de Dieu. Beaucoup de traductions modernes, et les traductions en français notamment traduisent ce mot par « heureux » parce qu'il suggère l'idée d'un « grand sourire ».

Nous devons saisir ces deux pensées, car Jésus dit que nous aurons des sourires de joie donnés de Dieu et une attitude intérieure du cœur qui correspond à ce sourire lorsque nous vivrons selon l'enseignement de Jésus. Dans les béatitudes, Jésus nous appelle à un état de contentement joyeux. Il nous montre que cette satisfaction profonde vient de deux manières: écouter la parole de Dieu et lui obéir – c'est là l'obéissance de l'évangile.

Cela signifie que nous ne pouvons pas connaître de joie authentique tant que Dieu n'a pas transformé la manière dont nous réagissons aux événements de notre vie comme nous l'enseigne le « Sermon sur la Montagne ». Si Matthieu 5:13 à 7:29 est une série d'exemples des béatitudes en action, c'est aussi la description d'une vie productrice de joie.

Dans l'adoration publique de l'église aujourd'hui, certains leaders semblent presque essayer de « chauffer » la foule en leur insufflant de la joie alors que rien n'a vraiment changé dans leur vie quotidienne – alors qu'ils n'ont pas permis à Dieu d'opérer un miracle dans leur routine. Mais la célébration en Dieu qui est « en esprit et en vérité » ne peut jaillir que de vies qui ont été transformées par Dieu et sont renouvelées par son Saint Esprit.

Se réjouir continuellement

Dans Philippiens 4:4-20, l'apôtre Paul enseigne sur la joie.

- ♦ Il nous demande de nous réjouir continuellement dans le Seigneur – verset 4
- ♦ Il associe la joie à la douceur – verset 5
- ♦ Il présente les deux aspects de la joie: ne s'inquiéter de rien; faire connaître nos besoins à Dieu avec actions de grâces – verset 6

Adorer en esprit et en vérité

- ♦ Il décrit le fruit de la joie; la paix personnelle de Dieu gardera nos cœurs et pensées par Jésus-Christ – verset 7

Dans ce passage important, Paul nous enseigne comment nous pouvons nous réjouir continuellement – et il nous instruit premièrement à « ne nous inquiéter de rien ».

Jésus nous donne un conseil similaire dans Matthieu 6:5 qui est une conséquence de Lévitique 25:21 où Dieu nous promet de pourvoir pour le Jubilée afin que cette année entière de réjouissance puisse-t être fondée sur une vie libérée des soucis et des inquiétudes.

Nous ne pourrons pas nous réjouir « en esprit et en vérité » tant que nous n'aurons pas appris à ne nous inquiéter de rien. Et nous n'aurons pas d'indifférence pour les soucis de la vie tant que nous n'aurons pas appris à faire totalement confiance en Dieu.

Dans l'Ancien Testament, il n'était tout simplement pas possible à quiconque de célébrer le jubilée à moins de faire confiance à la capacité de Dieu de pourvoir à ses besoins. De même dans l'âge du jubilée permanent de l'Esprit, nous ne pourrons nous réjouir continuellement dans le Seigneur à moins que nous nous appuyions entièrement sur Dieu qui pourvoit à nos besoins.

Mais Paul ne s'arrête pas au verset 7. Il continue par nous instruire à fixer nos pensées sur toutes les choses de la vie qui sont nobles, justes, pures, aimables, vertueuses et dignes de louange. De même que Dieu s'est réjoui et a pris plaisir dans sa création, de même nous devrions nous concentrer sur tout ce qui est bon dans la vie. C'est une autre manière prévue par Dieu pour obtenir la joie dans le Seigneur.

Trop de croyants pensent qu'ils n'auront la joie qu'en priant et en chantant. Mais ce sont des expressions de joie plutôt que des manières exclusives de se réjouir. Si nous faisons totalement confiance en Dieu et si nous remplissons nos vies des choses simples et belles de la création de Dieu, nous connaîtrons la joie. La promesse est absolument vraie.

Se réjouir et adorer

C'est la raison pour laquelle la louange est un sacrifice et l'adoration un service. Notre volonté est profondément impliquée dans l'obéissance de l'évangile. Nous faisons totalement confiance en Dieu, nous fixons nos pensées sur ce qui est noble et aimable. Il s'agit d'un choix conscient de manière de penser et de faire les choses. Toutefois il s'agit d'une prise de position et non d'efforts personnels.

Comme nous l'avons vu dans cette série, dans tous les domaines de l'Esprit, lorsque nous répondons au Père et à son initiative de grâce avec foi, sa guérison atteint les recoins de notre cœur pour développer notre foi et fortifier notre confiance. Le résultat inévitable sera la joie dans le Seigneur, celle qui vient de lui.

Les expressions de la joie
Jésus s'est réjoui de la vie d'une manière si entière que les leaders religieux de son époque l'accusaient d'être un mangeur et un buveur. Malheureusement, il y a toujours eu des gens dans l'Eglise qui sont plus concernés par ce qu'ils appellent « l'ordre » que par ce que la Bible appelle la « joie ».

Les disciples « sans soucis » de Christ devraient être des bons vivants dont la joie débordante et la liberté donnent envie. La joie ajoute la fête à notre service. La joie fait de nous des personnes complètes qui vivent vraiment à l'image de notre Dieu plein de joie qui lavait les pieds de ses disciples.

Nous avons vu aux chapitres trois et quatre comment le peuple de l'Ancien Testament louait Dieu par la musique et les hymnes, des cris et des danses, la générosité et l'hospitalité, dans le temple et la maison familiale.

Nous avons beaucoup à apprendre de la riche variété de leur louange. Mais nous devons reconnaître que ce sont des exemples de joie plutôt que des formes bibliques requises pour la louange. Au chapitre neuf, nous examinons l'utilisation de l'expression créatrice dans l'adoration qui puisse incorporer toute la gamme des émotions humaines et pratiquement tous les arts créatifs.

Adorer en esprit et en vérité

Nous avons besoin d'apprendre, comme Pierre dans Actes 10, que rien de ce qui vient de la main pleine de grâce de Dieu n'est impur. Et nous devons réaliser que nous sommes libres de célébrer la grâce et la bonté de Dieu avec tous les types d'art et d'objets, tous les aspects de notre être, et de toutes les manières qui sont pertinentes dans notre culture et notre époque.

Même si nous ne pouvons pas fabriquer une joie spontanée, nous pouvons organiser des fêtes de famille régulières, comme par exemple les anniversaires et les transformer en temps particuliers de célébration. Même si les fêtes basées sur l'année agricole comme celle de la moisson ne sont pas pertinentes pour nos églises urbaines, nous pouvons racheter les fêtes de notre propre culture et les utiliser de manière créative comme des occasions de célébration authentique.

Par exemple, au lieu de se plaindre d'Halloween, nous pourrions remplir nos églises et nos maisons de lumières et célébrer la victoire de Christ sur les ténèbres. De plus, puisque le soir du 31 octobre est le moment traditionnel où l'on se souvient des saints qui nous ont précédés, nous pourrions célébrer la vie de croyants que Dieu a utilisés de manière puissante dans notre église ou notre tradition, en transmettant ainsi leur histoire de génération en génération.

Nous pouvons reprendre ce qui a été perdu sur le terrain des grandes fêtes chrétiennes telles que Noël, Pâque, l'ascension et la Pentecôte, pour en faire des temps particuliers de célébration. Nous pouvons à des occasions spéciales célébrer le retour de Christ et la Bible, les missions outre mer et l'œuvre de Dieu dans différentes parties de notre propre pays. Et ceux qui vivent dans des villes cosmopolites peuvent apprendre à apprécier la cuisine, la musique, la danse et les formes d'art de cultures différentes.

Le peuple de Dieu dans l'Ancien Testament avait au moins sept grandes fêtes par année et certaines de ces fêtes duraient plusieurs jours. Comme nous l'avons vu, ils se concentraient sur différents aspects de l'alliance de Dieu avec son peuple et

Se réjouir et adorer

il s'agissait de temps de fête et de réjouissances, de musique et de cris, de repentance et de nouvel engagement, de vie communautaire authentique.

Par-dessus tout, les fêtes de l'Ancien Testament permettaient au peuple de Dieu de prendre du recul sur leurs activités quotidiennes pour comprendre et expérimenter ce qui faisait d'eux une nation.

Il y a un principe divin dans ces événements : même si, en Christ, nous avons été rachetés des règles de l'Ancien Testament sur le sabbat, nous avons encore besoin de vivre sur la base plus profonde du sabbat en nous reposant régulièrement de notre travail. De la même manière, même si Christ a accompli toutes les fêtes de l'Ancien Testament, nous avons encore besoin de revivre ces fêtes afin de pouvoir apprécier l'Eglise en tant que nation sainte et nous réjouir de l'unité du corps.

La joie du Seigneur est notre force et des événements festifs semblent nous apporter une nouvelle force pour persévérer durant les périodes plus séculières de l'année. C'est le modèle que Dieu nous a donné car il a créé un monde avec des saisons, des temps de chaleur et de froid, où la nature s'endort, se réveille, fleurit, temps de moisson, jour et nuit etc.

Se réjouir dans le Seigneur nous donne la force de servir les autres, nous apporte l'inspiration pour adorer Dieu dans les détails ordinaires de nos vies, et nous équipe avec la joie de donner généreusement à ceux qui sont dans le besoin et à l'œuvre de Dieu.

Lorsque nous commencerons à remplir nos vies du service divin, de la générosité divine et de la joie divine, nous serons un peuple qui correspondra aux adorateurs que le Père recherche, nous serons ses adorateurs en esprit et en vérité.

Chapitre neuf

L'adoration et la créativité

Dans ce livre, nous avons mis l'accent sur le fait que la vraie adoration est une adoration en esprit et en vérité. Le Père recherche ceux qui voudront l'adorer dans la sincérité de leur cœur lorsqu'ils sont revêtus de puissance par le Saint-Esprit et illuminés par la révélation de la Parole de Dieu. Dans les chapitres deux et cinq, nous avons vu que l'adoration dépasse les actes formels de l'adoration collective dans les assemblées de l'église. L'adoration comprend en effet toute notre vie devant Dieu. Les actes collectifs d'adoration ne sont pas sincères et n'ont pas de sens s'ils ne sont pas le reflet d'un style de vie, d'actes personnels d'adoration et d'une vie de justice vécus dans la présence de Dieu. Une vie vraiment remplie de l'Esprit exprimera non seulement l'adoration joyeuse décrite par Paul dans Éphésiens 5:18-21 mais elle conduira aussi à une vie remplie de l'Esprit dans le mariage, la famille et le lieu de travail, comme Paul l'explique dans Éphésiens 5:22 à 6:9.

Dans Matthieu 15:8 et Marc 7:6, Jésus a appliqué la prophétie d'Esaïe 29:13 aux actes d'adoration vides de sens si courants à son époque. Toutes les formes extérieures d'adoration qui ne correspondent pas à une expression authentique du cœur sont vaines et offensent Dieu. Toutefois, dans son essence, l'adoration s'exprime extérieurement, particulièrement sous la forme de paroles d'adoration, de confession, de contrition, de reconnaissance, de pétition, de louange et de joie. Les mots ne sont pas la seule manière de communiquer avec Dieu et d'exprimer notre adoration. Les actes physiques de générosité et de service font aussi partie indiscutablement de l'adoration. Comme Paul le dit justement dans Romains 12:1-2, Dieu nous appelle à présenter nos propres corps comme des sacrifices vivants dans l'adoration, ce qui est de notre part la seule réponse raisonnable face à sa grâce et sa miséricorde en notre faveur.

L'adoration est physique autant que spirituelle. 1 Corinthiens 6:19-20 montre que nous sommes appelés à glorifier Dieu dans notre corps aussi bien que dans notre esprit. En tant que croyants, toute notre personnalité (physique, émotionnelle, intellectuelle, y compris notre volonté) est sous le contrôle du Saint-Esprit. L'adoration devrait donc être rendue au Père en passant par tous ces aspects de notre humanité. Toutes les capacités, tous les talents que Dieu nous a donnés, à nous qui sommes ses créatures humaines, sont destinés précisément à le glorifier. Une forme d'art saine est le résultat d'une part de l'expression créative produite par Dieu qui s'est approché de nous et d'autre part notre réponse à sa présence. Elle est aussi le résultat de l'Esprit qui attire d'autres personnes à Christ de manière créative.

Le don de la créativité
L'humanité a été créée à l'image de Dieu. Cela signifie que nous partageons de manière limitée et finie les capacités de Dieu. Nous sommes des êtres rationnels capables de penser, de choisir, de sentir et de nous exprimer par le langage et des actes physiques. La dignité de notre humanité se trouve dans la personne que Dieu a fait de nous et dans celle qu'il nous a appelés à être devant lui. Nous avons été créés pour adorer et glorifier Dieu. Cela signifie sûrement que nous devrions utiliser toutes nos forces, tous nos talents et toutes nos capacités pour honorer son nom dans ce monde et dans nos relations avec lui.

Les êtres humains sont créatifs par nature et cette créativité est un don de Dieu. C'est l'expression d'une capacité semblable à celle de Dieu qui nous a été donnée par Dieu. Comme l'enseignent Genèse 1:1, Jean 1:1-3 et Hébreux 11:3, Dieu crée à partir de rien. L'univers tel qu'il est, a été suscité par la Parole, c'est-à-dire Christ, et il est soutenu par la même puissance créatrice. Colossiens 1:15-17 nous le montre clairement en

L'adoration et la créativité

ajoutant que l'ordre créé dans sa totalité est soumis à la prééminence de Christ et existe pour le glorifier. En d'autres termes, notre créativité devrait être utilisée pour exalter la grandeur et la majesté de Dieu. C'est une des capacités humaines les plus importantes et les plus précieuses. Nous ne pouvons être plus semblables à Dieu qu'en étant créatifs. Contrairement à Dieu, nous ne créons pas à partir de rien, mais nous pouvons entrer dans la réalité de sa créativité et exprimer son potentiel créateur en nous. Chaque invention et toutes les étapes du progrès franchies par l'humanité dans les découvertes scientifiques, la recherche, la connaissance et les arts est une expression de la créativité que Dieu nous a donnée.

Tragiquement, parce que nous sommes des êtres déchus, nous utilisons souvent notre créativité pour usurper le pouvoir que Dieu a sur nous. Nous abusons de notre capacité créative lorsque nous déshonorons Dieu plutôt que le glorifier. Les effets sont désastreux. Les physiciens nucléaires produisent des bombes pour détruire les peuples, les découvertes médicales conduisent les gens à « prendre la place de Dieu » avec les manipulations génétiques et les arts deviennent un moyen de communiquer la personnalité déchue plutôt que de glorifier le nom du Seigneur. En tant que nouvelles créatures en Christ Jésus, nous devrions certainement être concernés par cet abus de la créativité. En tant qu'adorateurs de Dieu, nous devrions nous préoccuper des affaires du Père en cherchant à ramener tous ces aspects de la créativité sous l'autorité du plan original de Dieu. Cela inclut le fait de voir les arts devenir un vecteur de la gloire de Dieu dans le monde et la créativité retrouver sa place dans la vie individuelle et collective des chrétiens.

L'art dans la société
L'art, sous une forme ou une autre, s'est entremêlé à la société humaine dès le départ de notre histoire. Les sociétés primitives avaient leurs peintures rupestres. Ils racontaient leurs légendes ou histoires tribales sous forme de chants, de

Adorer en esprit et en vérité

sagas, de poésie, de musique. La société du Moyen Age utilisait l'art de la peinture pour décrire les histoires religieuses. De cette époque datent également les fresques et les vitraux. Les cultures orales s'appuyaient sur ces moyens de communication pour enseigner le peuple. L'Eglise a été patronne des arts dans beaucoup de domaines. Nous pouvons penser aux œuvres de grands maîtres tels que Léonard de Vinci, Michel-Ange et Rembrandt. De grands compositeurs tels qu'Haendel nous ont donné le Messie, une œuvre écrite en quelques courtes semaines qui porte toutefois la marque d'une inspiration divine. De grands poètes nous ont donné des interprétations artistiques de vérités bibliques, tels que Milton dans « Le Paradis Perdu ». Des architectes ont construit de grandes églises et cathédrales à la gloire de Dieu. En fait, la plupart des arts ont été utilisés à une époque ou une autre pour refléter la gloire de Dieu dans le monde.

Même les artistes qui n'ont pas la foi en Dieu de manière consciente reflètent quelque chose de la bonté de Dieu lorsqu'ils se consacrent à leur talent pour produire une musique inspirée et des œuvres d'art grandioses. De tels artistes ont enrichi la vie culturelle et esthétique de millions de personnes au travers des âges. L'art est vision. C'est la capacité de percevoir et de communiquer ces perceptions de la vie et de la réalité à d'autres personnes par un moyen artistique particulier. Les romans de Charles Dickens tels que Oliver Twist ont réveillé la conscience de la Grande Bretagne victorienne et provoqué des changements dans la législation et l'aide apportée aux pauvres. Cet élément « prophétique » est discernable dans pratiquement toutes les générations de l'histoire de l'art. Certains films aujourd'hui sont des paraboles pour notre époque et très souvent se préoccupent des problèmes de la vie, posant des questions profondes et mettant parfois en lumière les faiblesses des valeurs de notre société moderne.

Tout cela nous donne un aperçu sur le potentiel de l'art. Malheureusement, il arrive souvent que Dieu ne soit pas reconnu en tant que source du talent artistique et que les artistes utilisent leur don pour se glorifier eux-mêmes ou pour œuvrer à l'encontre des buts de Dieu. L'art est un médium puissant de communication et il peut être utilisé pour le meilleur autant que pour le pire. Les gouvernements et autres pouvoirs qui cherchent à contrôler la société utilisent les arts comme un moyen de propagande. La puissance de l'art réside dans le fait qu'il exprime des choses qui ne peuvent être réduites à une description factuelle. L'art communique une émotion et exprime quelque chose d'intangible que l'information brute ne pourra jamais transmettre.

Il n'y a donc pas à s'étonner que le diable utilise l'art pour faire avancer ses plans. L'art a été corrompu et retenu captif par le père des mensonges qui répand son message de péché et de désespoir par des formes d'art telles que la musique, la littérature et le cinéma. Il est temps que les chrétiens s'engagent pleinement dans ce monde. Il est temps qu'ils rachètent les arts pour qu'ils retrouvent leur but premier, celui d'inspirer, d'illuminer et de provoquer par la présentation souvent inconfortable de vérités chargées d'un impact émotionnel.

Deux testaments, une seule Bible
Dans l'ensemble de cette série Epée de l'Esprit, nous montrons que l'Ancien Testament est le fondement de tout l'enseignement du Nouveau Testament. Nous faisons l'effort de montrer que toute la doctrine de Christ est enracinée dans la révélation de l'Ancien Testament. Nous avons montré dans le chapitre cinq de ce livre que les principes de l'Ancien Testament concernant l'adoration tels que nous les décrivons aux chapitres trois et quatre sont le fondement de l'adoration du Nouveau Testament. Mais nous sommes aussi d'accord sur le fait que le modèle et les formes de l'adoration de l'Ancien Testament sont radicalement différents de l'adoration en esprit et en vérité dont parle Jésus dans Jean 4. En effet, il n'y a pas de personne particulière ni de lieu, de vêtements ou d'objets qui soient plus saints que d'autres et nous évitons

Adorer en esprit et en vérité

tout modèle d'adoration basé sur de telles formes d'adoration de caractère vétérotestamentaire. Nous n'avons pas besoin de sacrificateurs, de temples, de vêtements particuliers, de rites religieux, de cérémonies, de sacrifices, de fêtes saintes, de nourriture spéciale ou de réunions spécifiques pour pouvoir adorer Dieu. Nous adorons par l'Esprit et nous ne mettons pas notre confiance dans la chair, comme Paul l'affirme dans Philippiens 3:3. Nous ne calquons pas notre adoration sur des schémas démodés de l'Ancien Testament correspondant à cette « adoration charnelle ». Au lieu de cela, nous retenons les principes spirituels sous-jacents aux modèles de l'Ancien Testament et nous les appliquons à notre vie à l'aide de la créativité de l'Esprit.

L'église est tombée dans l'erreur à différents moments de son histoire en instituant des classes de gens particuliers (les prêtres) qui officiaient pour opérer des actes particuliers (par exemple la consécration du pain et du vin) et à qui étaient attribués des pouvoirs particuliers (par exemple celui de la rémission des péchés). Ces formes d'adoration sont basées sur les ombres passagères de l'adoration de l'Ancien Testament. Comme le montrent Colossiens 2:17 et Hébreux 8:5 et 10:1, ces ombres témoignaient de la réalité qui est en Christ et lorsque cette réalité est présente, les formes anciennes d'adoration sont dépassées. L'adoration en esprit et en vérité signifie que nous adorons en Esprit et que nous rejetons les formes extérieures de l'adoration physique décrites par l'Ancien Testament. Ces formes avaient leur place dans le plan de Dieu qui préparait la venue de Christ. Mais maintenant, nous pouvons tous nous approcher du Père par l'Esprit et l'adorer dans la réalité de notre vie renouvelée.

Ces erreurs passées ont conduit certains leaders chrétiens à rejeter pratiquement toute forme d'expression créative dans l'adoration collective. Pour eux, des expressions visibles telles que frapper des mains, danser et faire des mimes n'entrent pas dans le cadre de l'enseignement du Nouveau Testament sur l'adoration. Ils donnent comme argument qu'il n'y a pas

L'adoration et la créativité

d'exemples de danse dans le Nouveau Testament, ni de mime, ni d'autres formes visibles artistiques utilisées dans l'adoration. Certains sont même allés jusqu'à dire que puisqu'il n'y a pas d'exemples d'instruments de musique dans le Nouveau Testament en rapport avec l'adoration, ces instruments doivent donc être interdits par Dieu. Certains rejettent même l'utilisation de cantiques écrits par des auteurs non bibliques. Pour eux la seule manière légitime d'adorer Dieu consiste à utiliser les Psaumes. On peut supposer qu'ils excluront le Psaume 150 qui commande de manière expresse de louer Dieu avec le tambourin et avec les danses!

Toute cette théorie prive les chrétiens d'une des capacités les plus fondamentale et merveilleuse donnée par Dieu à notre humanité, celle de la créativité. La créativité remplie de l'Esprit est l'une des manières les plus naturelles et acceptables d'exprimer notre adoration et notre amour pour Dieu. Dieu le Père a créé le monde par Dieu le Fils et par Dieu le Saint-Esprit. Il n'y a aucun doute sur le fait que la trinité doit se réjouir lorsque nous l'adorons en utilisant nos dons d'expression créative. Le fait que ces choses ne soient pas prescrites ni formalisées dans le Nouveau Testament ne signifie pas que Dieu les a interdites. Cela signifie plutôt que nous sommes libres d'être guidés par l'Esprit dans les limites de l'Ecriture pour exprimer notre adoration comme il nous le montre. Le Nouveau Testament ne nous donne d'instruction sur aucune forme d'adoration spécifique. Ces choses peuvent varier avec le temps, le lieu ou les facteurs culturels. Nous ne suivons pas les codes de l'adoration de l'Ancien Testament pour autant. Mais il est certain que nous apprenons de l'Ancien Testament les principes de la joie, de la louange et de la créativité que nous retrouvons dans le Nouveau Testament. Il y a deux testaments mais qu'une seule Bible ! Il est certain que le même Esprit qui a rempli Betsaleel et lui a donné l'habilité créative pour fabriquer les objets du tabernacle de Moïse peut nous remplir de créativité afin que nous adorions Dieu aujourd'hui avec tous les aspects de notre être, de nos dons et de nos talents. Exode 31:1-11 montre non seulement comment Betsaleel avait reçu une capacité unique pour les œuvres d'art, mais aussi qu'il avait reçu la capacité de Dieu pour transmettre son talent à d'autres. Il est donc évident que Dieu laisse une place à l'art, autant dans ses buts généraux que dans le cadre plus particulier de l'adoration.

L'art dans la vie de l'église
La Bible, en dernière analyse, est la Parole de Dieu pour l'humanité. Les Ecritures sont aussi une collection de ce qui peut ressembler à des œuvres d'écriture créative. Dieu a utilisé des hommes avec une vision artistique pour « voir » la parole avec ses yeux et communiquer cette révélation par l'interprétation créative et la présentation de la vérité de Dieu à son peuple et au monde en général. Nous découvrons comment Dieu a utilisé des poètes autant que des pêcheurs, des musiciens ainsi que des rois, des acteurs autant que des bergers. Certaines œuvres des prophètes montrent que leur expression avait atteint le sommet de leur art. Pensez à la poésie élevée d'Esaïe, à la romance du Cantique de Salomon, aux mimes d'Ezéchiel ainsi qu'à la vie théâtrale d'Osée dont la vie amoureuse et le pathos sont une parabole exposée à tous. Les Ecritures révèlent dont vraiment le Dieu créatif à l'œuvre.

Comme nous l'avons vu, la créativité de Dieu a amené la première création à l'existence mais il a aussi utilisé ses capacités créatrices pour nous recréer en Christ. Nous sommes l'œuvre d'art de Dieu en Christ. Ephésiens 2:10 montre cette œuvre créatrice de Dieu dans la nouvelle création. Paul dit que nous sommes son « ouvrage », son « expression créative » en Christ. Le mot utilisé ici est *poiema* d'où nous tirons notre mot « poème ». C'est la raison pour laquelle nous pouvons être sûrs que Dieu veut que nous utilisions l'art dans l'Eglise comme un puissant moyen de communication avec lui et avec d'autres. L'adoration devrait impliquer chaque expression de créativité possible en soumission au Saint-Esprit.

L'adoration et la créativité

Utiliser l'art dans l'adoration

L'art est en rapport avec l'imagination créative. Les vérités spirituelles deviennent vivantes, réelles et tangibles par la méditation et la réflexion créatives. L'expression artistique concrète rend la vérité spirituelle personnelle, pertinente, compréhensible, accessible et attractive. Jésus a utilisé ces principes artistiques dans la pensée de ses auditeurs. Il a créé des histoires de manière créative avec des personnages réalistes pour illustrer des situations concrètes du quotidien. Il a ainsi réussi à connecter ses disciples avec les vérités du royaume de Dieu. Notre adoration doit aussi être magnifiée par les arts et rendue ainsi plus lisible. L'art peut nous aider à adorer Dieu avec plus de passion et de sens. En effet les formes d'art utilisées dans l'adoration nous aident à penser à Dieu de manière illustrée et vivante dans les détails. Elles nous aident ainsi à exprimer ce qui serait autrement plus difficile à dire.

Il n'y a pour ainsi dire une infinité de moyens par lesquels les divers médias artistiques peuvent jouer un rôle significatif dans notre expérience de l'adoration:

La musique

La beauté de la musique réside dans ce « langage universel » donnant toute son expression à la variété des émotions humaines telles que la joie, la tristesse, la paix, la tranquillité et l'amour.

Le chant

Les compositeurs de chants ont la capacité d'utiliser un langage qui exprime les idées, les pensées et les sentiments sous forme de mots qui peuvent faire ressortir les profondeurs du cœur humain.

La peinture

Les grandes peintures figent des concepts et des thèmes du cœur humain sous des formes concrètes. Les images parlent plus fort que l'éloquence de notre prose et ouvrent le cœur à la révélation de Dieu. Des orateurs talentueux utilisent des dessins ou un langage imagé pour communiquer la vérité. Les arts visuels peuvent amener ces moyens à un niveau supérieur encore de communication.

La danse
Le corps humain est un don de Dieu. Il est suprêmement adaptable pour exprimer l'adoration. Les gestes, les mouvements, les changements de posture, tels que se mettre à genoux, lever les mains sont autant d'expressions naturelles et significatives de l'esprit humain dans une variété de contextes. La danse peut se saisir de cette capacité et la développer pour qu'elle atteigne les sommets d'une puissante expression d'adoration et de déclaration prophétique.

Le mime
Mimer une situation, une scène ou une histoire. Ce sont des ponts de communication entre les acteurs et leur audience. Le mime peut ajouter une dimension de sens à l'adoration lorsque les gens peuvent se retrouver dans le mime et ainsi répondre à Dieu d'une manière plus profonde qu'auparavant.

La poésie
La bonne poésie évoque des images et communique des idées, des pensées et des sentiments d'une manière plus travaillée. L'expression poétique peut être riche et éclairante. L'adoration est enrichie lorsque le rationnel et l'ordinaire prennent une signification nouvelle en nous faisant toucher du doigt la présence et l'activité de Dieu dans le monde.

L'architecture
L'architecture nous aide en donnant un cadre pour une expérience d'adoration pleine de sens. Les synagogues juives étaient dessinées avec une cour entre les affairements du quotidien et l'espace principal réservé à l'adoration et à l'enseignement de la Parole. Cette disposition donnait aux gens l'occasion de quitter le domaine de la vie ordinaire

L'adoration et la créativité

avec ses soucis et ses distractions et les aidait à se préparer à se concentrer sur Dieu. Des églises ou des bâtiments bien agencés pourvoient à un espace qui facilite l'adoration. Cela peut signifier parfois le fait de dégager un grand espace rehaussé par une bonne utilisation des lumières et du décor afin d'attirer le regard et avec lui l'esprit humain en direction de Dieu.

Le cinéma
Les films sont les paraboles de notre époque. La technique cinématographique peut emporter un public hors de lui-même vers un autre monde où il peut voir et vivre une expérience enrichissante et capable de les transformer. Des prises de vue ou l'utilisation du multimédia peuvent enrichir l'adoration à notre époque de développement de cette technologie.

La décoration
Une décoration réfléchie fera plus qu'orner un bâtiment. Elle pourra aussi aider à créer un environnement qui encourage à l'adoration. Le décor d'un bâtiment peut exprimer la nature et le caractère de Dieu. Des couleurs chaudes parlent de la bonté de Dieu, des couleurs brillantes parlent de la gloire et de la vie de Dieu, des verts nuancés parlent du repos de Dieu et de son monde naturel etc.

La scène
La manière dont une plateforme ou une estrade est disposée peut aider ou freiner l'expérience de l'adoration. Des sièges disposés comme au théâtre aideront une audience à participer à la prédication, l'enseignement et la conduite de l'adoration. Une disposition plus flexible des sièges permettra d'adapter un espace à la communication et à la communion fraternelle. Ces choses doivent être pensées à l'avance et de manière créative afin d'enrichir l'expérience de l'adoration de l'Eglise.

Adorer en esprit et en vérité

Eviter les dangers
L'art peut être dangereux. Il peut susciter des réactions hostiles autant qu'encourager. Il peut corriger autant qu'illuminer. Ce sont de bonnes choses. Toutefois, l'art peut aussi séduire et tromper. Il n'est pas surprenant que l'ennemi de nos âmes ait infiltré ces aspects de la culture humaine. Il sait que par l'art il peut convaincre les cœurs, aveugler les yeux et soumettre la volonté des hommes. Les mensonges déguisés sous la forme de l'art sont monnaie courant dans notre société. L'église doit être consciente des dangers qui semblent inhérents à l'introduction de l'art dans le service de Dieu.

L'idolâtrie
La popularité de certains arts et l'énorme popularité des artistes qui ont trouvé le succès dans le monde peuvent parfois frôler l'idolâtrie. L'art dans l'église n'est pas immunisé contre ce danger. Nous devons nous en garder en ne laissant aucun art ni aucun artiste prendre la place de l'Esprit de Dieu dans notre vie ni dans le culte que nous rendons à Dieu. L'un des domaines délicats est celui de la représentation de la divinité. Dieu est Esprit et vous ne pouvez pas faire une image de l'Esprit sans diluer son essence. Faire ou utiliser n'importe quelle image idolâtre de Dieu dans notre adoration, comme nous le voyons au chapitre trois, s'oppose au second commandement. Le roi Jéroboam avait fait deux veaux d'or, en plaçant l'un à Dan et l'autre à Béthel. Il avait fait cela pour attirer le peuple dans le nouveau royaume du Nord d'Israël et le détourner du temple de Jérusalem qui se trouvait dans le royaume du Sud. 1 Rois 12:25-31 suggère qu'il n'avait pas nécessairement eu l'intention de faire de ces veaux d'or des idoles ou des représentations de Dieu, mais qu'il voulait que le peuple puisse avoir un symbole physique qui le maintienne dans le territoire. Mais cet arrangement devint une pierre d'achoppement et un péché pour le peuple d'Israël. Il fut condamné par les prophètes du Seigneur dans les générations subséquentes dans des passages tels que Esaïe 2:8, Jérémie

50:2, Ezéchiel 6:4-6, Michée 1:7, Habacuc 2:18 et Zacharie 13:2.

L'idolâtrie et le cœur humain font facilement bon ménage comme le montrent Juges 8:27; 17:5 et 2 Rois 18:4. Jérémie 7:1-15 montre que même le temple était devenu une sorte d'idole. Le peuple s'y était attaché de manière superstitieuse en croyant qu'ils pouvaient lui faire confiance comme à une sorte de « talisman » ou de protection contre la destruction des armées de l'envahisseur. L'art ne devrait jamais être utilisé comme une aide idolâtre destinée pour adorer.

Le ghetto culturel
Un autre danger à éviter est celui d'utiliser l'art pour produire un ghetto chrétien ou une sous culture chrétienne isolée du monde. En d'autres termes, nous ne devrions pas abandonner l'art au diable dans le monde actuel. Nous devrions promouvoir l'art dans l'église, certes, mais aussi utiliser notre art en dehors de l'église en nous engageant pleinement avec la culture qui nous entoure. Dans le chapitre deux, nous avons discuté du fait que l'adoration biblique authentique comprend toute notre vie – Jésus est Seigneur sur toutes les domaines de notre vie, et non seulement les domaines dits « religieux ». De manière similaire, nous ne devrions pas développer la séparation entre art « sacré » opposé à un à un art « profane ». Non seulement cette distinction abandonne le « séculier » aux forces de l'ennemi, mais elle revient presque à négliger notre devoir d'agir comme sel et lumière dans le monde. Nous devrions donner à nos artistes chrétiens la liberté de développer leur art dans le monde sans nous attendre nécessairement à ce qu'ils poursuivent leur art de manière qui soit acceptable seulement dans des réunions d'églises.

En d'autres termes, l'adoration concerne toute notre vie et non pas seulement les réunions d'église! Le romancier chrétien, le musicien chrétien est autant serviteur de Dieu lorsque son art concerne des situations de la vie courante que lorsqu'il raconte des histoires de l'évangile ou chante de la musique gospel – pourvu bien sûr que l'artiste en question soit fidèle à sa foi chrétienne lorsqu'il exerce ses talents en dehors du cadre de l'église.

La sensualité
Parce que l'art fait habituellement recours aux cinq sens, il peut être utilisé pour promouvoir une sensualité mauvaise. La sensualité en soi est un attribut divin de l'humanité. Il nous a donné nos cinq sens et avec eux, la capacité de reconnaître la beauté et d'apprécier l'esthétique. Toutefois, l'attraction peut être si forte qu'elle provoque une mauvaise réaction dans le cœur des gens. Le corps humain utilisé par exemple dans la danse est une création de Dieu qui est belle du point de vue esthétique. Mais la sensualité dans le cœur des danseurs et dans le cœur de leur public doit être vérifiée au point que la chair soit vraiment crucifiée pour que le Saint-Esprit soit pleinement libre. L'art qui est vraiment inspiré par l'Esprit n'aura pas les effets sensuels produits par l'art selon la chair. Une soumission totale à Dieu est donc le seul chemin.

La performance
Cet aspect concerne la motivation du cœur. Une prestation artistique comprendra toujours un élément de performance. Toutefois, si le seul motif de l'artiste est sa performance, alors tout se résumera à un show ou un spectacle. Cette attitude encouragera la mauvaise réaction et interférera avec l'expérience de l'adoration. La forme de l'art, que ce soit le chant, la danse, la musique ou le mime, doit toujours être soumise au Saint-Esprit et offerte comme un acte d'adoration envers Dieu. Cette motivation de l'offrande tuera « l'esprit de performance » et laissera la place pour que Dieu puisse œuvrer dans la vie de l'artiste et de ceux qui apprécient son travail artistique. Comme nous l'avons vu dans *Le Règne de Dieu*, nous devons nous rappeler que le problème de la performance n'est pas seulement limité à l'art ou aux artistes. Chaque fois que nous prions, que nous jeûnons ou que nous donnons notre offrande, nous devons veiller à ce que ces choses ne soient pas

L'adoration et la créativité

faites dans un esprit de performance pour attirer les regards ou l'approbation des hommes. Ce que nous faisons est pour Dieu et pour lui seul.

Le divertissement
Un autre danger lié à celui de la performance est le risque que l'art fait pour l'adoration devienne un simple divertissement. Là encore, la motivation fera toute la différence. Si les artistes sont là pour obtenir l'attention ou la reconnaissance du public, ils feront leur performance pour la foule et la foule leur rendra la pareille en traitant leur prestation comme un divertissement. Il y a de la place pour cela, mais pas dans le cadre de l'adoration. L'adoration en esprit et en vérité est toujours réservée au Père. C'est lui que nous voulons glorifier et non nous-mêmes.

La distraction
Ce terme résume tous les dangers de l'art dans le cadre de l'adoration. Si l'expression artistique est trop présente dans l'adoration créative, elle nous distrait de Dieu. L'art devrait être un complément à la prédication et à l'enseignement de la Parole mais ne devrait pas les remplacer. La tradition de l'Eglise a toujours eu de la difficulté avec les nouvelles formes d'adoration. Chaque nouvelle initiative est systématiquement combattue. Ensuite, ce qui était innovant devient la nouvelle tradition et le processus recommence. L'orgue fit scandale au moment de son introduction dans la pratique de l'adoration de l'Eglise. Aujourd'hui elle est considérée comme un élément de l'adoration traditionnelle. Ainsi la distraction n'est pas en rapport avec la réaction négative qui accueille les nouvelles formes d'adoration. La distraction intervient lorsque la forme d'art proposée prend le pas sur l'adoration et devient une fin en soi. Aujourd'hui, le Saint-Esprit utilise la danse, le mime, les styles de musique modernes et toute une gamme d'autres arts pour adorer Dieu avec plus de beauté, plus de passion et de puissance. L'art vraiment soumis à Dieu n'est jamais une distraction. Nous ne devons pas avoir peur de laisser Dieu tout

Adorer en esprit et en vérité

ce que nous pouvons lui offrir dans notre adoration en esprit et en vérité.

Un don pour le monde
Au chapitre deux, nous considérons le rôle que l'adoration joue dans notre vie en dehors des réunions de l'église. Nous avons vu que l'adoration concerne toute notre vie. Dans un sens, tout ce que nous faisons « comme pour le Seigneur » est de l'adoration. Il en est de même pour l'art chrétien. Lorsque nous soumettrons notre art au Seigneur, nous pourrons non seulement enrichir l'adoration de l'église, mais nous pourrons aussi offrir notre art comme un don de Dieu au monde. Par notre art, nous pouvons communiquer la passion de Dieu pour les perdus, sa compassion pour ceux qui souffrent, sa haine de l'injustice et son désir que l'humanité le trouve et remplisse sa destinée divine sur la planète. De cette manière nous pouvons avoir un impact réel sur le monde – nous parlons de ce besoin de s'engager dans la société au chapitre six du livre *Atteindre les Perdus* de notre série *Epée de l'Esprit*.

Chapitre dix

Le Saint-Esprit et l'adoration

Dans *La Gloire dans l'Eglise*, nous voyons que l'adoration est l'appel suprême et global de toute l'Eglise chrétienne. Avant toutes choses, l'Eglise universelle (et toutes ses expressions locales) est appelée à être une communauté d'adoration. Si l'adoration en esprit et en vérité n'est pas centrale dans la vie de chaque congrégation, toutes les autres activités perdront automatiquement de leur valeur.

Dans Philippiens 3:3, l'apôtre Paul enseigne que nous adorons Dieu « par l'Esprit de Dieu ». Quelques versions de la Bible traduisent l'expression par « adorer dans l'Esprit », mais cela ne fait pas beaucoup de différence. Les deux prépositions montrent que la vraie adoration dépend entièrement du Saint-Esprit.

Sans l'aide de l'Esprit, nous ne pouvons pas offrir le moindre mot ni le moindre acte d'adoration au Père. Comme nous le voyons dans *Connaître l'Esprit*, c'est lui qui inspire notre louange et nos prières, nous conduit dans la vérité, nous convainc de nos péchés et nous donne les dons pour nous aider dans notre adoration/service de Dieu.

Les plus grands chapitres de Paul sur l'adoration publique, 1 Corinthiens 11 à 14 sont dominés par le mot grec *oikodomeo*. Ce terme signifie littéralement « construire une maison », mais il est en général traduit par « édifier ».

1 Corinthiens 14:26 suggère que chaque aspect de l'adoration de l'église devrait construire ensemble les membres du corps et ainsi élever l'église comme un bâtiment qui se construit.

Dans l'ensemble de ce livre, nous avons vu que l'adoration est plus que chanter des hymnes ou dire des prières.

Adorer en esprit et en vérité

L'adoration/service est la réponse de tout notre être à l'initiative de Dieu. Cette réponse est triple. Tout d'abord il s'agit de la manière dont est offert le sacrifice de nos corps dans un service où nous nous effaçons nous-mêmes. Ensuite il y a le sacrifice de nos possessions quand nous donnons et en exerçons l'hospitalité et finalement notre réponse inclut le sacrifice de notre louange dans une joie constante. Tous ces sacrifices d'adoration/service doivent être faits dans ou par l'Esprit *et* doivent construire l'Eglise de Christ.

Certains leaders tâchent de séparer ces deux aspects de l'adoration dans la bonne intention de simplifier les choses. Ils enseignent sur la manière dont le Saint-Esprit conduit notre adoration d'une part, et d'autre part, mais sans lien apparent, ils enseignent comment notre adoration devrait construire l'église.

Cette approche peut donc laisser penser que ces deux aspects de l'adoration n'ont pas de rapport entre eux. Mais l'Esprit travaille de plusieurs manières complémentaires dans le but bien précis de former une église qui offre une adoration qui soit acceptable pour Dieu et édifiante pour son Eglise. En d'autres termes, le rôle de l'Esprit dans l'adoration ne se limite pas à inspirer un chant ou à créer l'atmosphère de sa présence – il est aussi et toujours à l'œuvre pour nous fondre ensemble dans l'amour.

L'Esprit crée l'unité
Le Psaume 133 est un merveilleux psaume prophétique à propos du peuple de Dieu et de l'unité de l'Esprit. Il décrit la rectitude morale et le plaisir émotionnel de l'unité, les relie à l'onction d'huile de l'Esprit et à la rosée divine de l'Esprit et montre que cette unité de l'Esprit est bénie par Dieu avec la vie éternelle.

Le Psaume 133 est le pénultième « chant des montées ». Beaucoup de d'érudits croient que ces psaumes de montées auraient pu être chantés par les pèlerins de l'Ancien Testament à la fin de leur voyage – lorsqu'ils s'approchaient du temple de

Le Saint-Esprit et l'adoration

Jérusalem pour adorer leur Dieu par le sacrifice lors d'une fête particulière.

Les pèlerins quittaient leur maison et leur village un par un et deux par deux. Ils formaient ensuite un groupe plus important en se rejoignant sur le chemin. D'après une tradition populaire, ce psaume 133 était chanté pour célébrer l'unité qu'ils découvraient et dont ils se faisaient une joie en Dieu. Il était chanté dans le but commun de se préparer à fêter une des grandes occasions de l'année.

Le Psaume 133 pointe sur une vérité importante. Il nous montre que nous nous décidons pour Dieu à titre personnel, avec une foi personnelle et que notre mouvement vers l'adoration est un acte de notre volonté personnelle. Mais il nous révèle aussi que Dieu a des plans plus grands et qu'il travaille à nous construire ensemble avec d'autres afin que nous puissions lui offrir une *adoration collective* basée sur cette unité créée par l'Esprit.

L'apôtre Paul ne se réfère pas au Psaume 133 dans Ephésiens 4:1-16 mais il enseigne la même vérité. Il explique que l'Esprit crée « l'unité dans la diversité » et que c'est aux chrétiens de maintenir cette unité et de ne pas la gâcher. Comme tant d'autres choses dans la vie chrétienne, l'unité est entièrement un don de la grâce de Dieu. Toutefois, nous devons travailler dur pour l'utiliser et la développer.

Il est presque impossible de trop mettre l'accent sur cette œuvre de l'Esprit car il s'agit de l'un des grands thèmes du Nouveau Testament. La vie et l'enseignement de la première église doivent beaucoup à cette notion d'unité dans l'Esprit. Par exemple:

- ◆ Il n'y a pas de place dans un seul corps pour des distinctions de races, de genres, de classes ou d'éducations – Colossiens 3:11 et Jacques 2:1-4
- ◆ Le mur naturel d'inimitié et d'hostilité entre les races, les classes et les cultures doit être renversé – Ephésiens 2:15

Adorer en esprit et en vérité

- ◆ Il n'y a pas de place pour la vantardise ou l'orgueil personnels puisque tout est un don de Dieu – 1 Corinthiens 4:7
- ◆ Tous les efforts doivent être faits pour maintenir l'unité et la communication entre les différents groupes de croyants – Actes 8; 15; 18:21; 20:16, Romains 15:26; 1 Corinthiens 16:1 et 2 Corinthiens 8-9
- ◆ Les croyants doivent se tenir au coude à coude et se servir les uns les autres – Philippiens 1:27; 2:1-2 et 4:1-3
- ◆ Aucun croyant ni aucun groupe de croyants n'a de connaissance spéciale – Colossiens 1:26-28; 1 Jean 2:20 et 27.

L'unité à Antioche
L'église d'Antioche est un brillant exemple d'unité créée par l'Esprit. Actes 13:1-2 montre que le leadership était collectif, qu'il incluait les prophètes et les enseignants et qu'il était composé par une variété d'hommes étonnante. Par exemple:

- ◆ Barnabas était un lévite de Chypre, riche et possédant des terres
- ◆ Siméon était un africain noir
- ◆ Lucius était un juif de la diaspora venant d'Afrique du Nord
- ◆ Manahen avait été éduqué à la cour du roi Hérode
- ◆ Saul/Paul était un pharisien qui avait étudié sous Gamaliel.

Ce groupe de leaders était la démonstration du type d'unité créé par l'Esprit. La volonté de Christ pour son Eglise, telle qu'elle est révélée dans Jean 17:21 était accomplie et développée dans cette communauté mixte de croyants de manière si évidente

Le Saint-Esprit et l'adoration

qu'ils furent le premier groupe de personnes à recevoir le surnom de « chrétiens ».

Antioche était la première expérience de leadership de Paul. Il semble que cette étape de sa vie lui ait servi de modèle dans son concept de l'unité. Cet arrière-plan explique pourquoi Paul était si fâché et triste d'entendre parler des divisions dans l'Eglise de Corinthe – il savait que les choses devaient et pouvaient être différentes.

Le manque d'unité à Corinthe
Les trois premiers chapitres de la première lettre de Paul à l'église de Corinthe sont dominés par le problème pratique de l'unité. Il semble que les croyants de Corinthe pensaient à leur foi surtout sur le plan intellectuel et qu'ils se prenaient pour des juges qui devaient donner leur avis sur les différents accents mis par tel ou tel leader de l'Eglise au sens large.

Dans 1 Corinthiens 1 à 3, Paul souligne que l'évangile n'est pas à comparer à une sagesse philosophique et que ses enseignants ne sont pas des intellectuels itinérants. Ils sont plutôt des collaborateurs dans la vigne de Dieu, l'un plante, l'autre arrose, mais Dieu seul fait croître.

Dans ces chapitres, Paul établit un certain nombre de principes qui soulignent la relation entre l'unité créée par l'Esprit et l'Eglise comme étant par essence une communauté d'adoration.

- ◆ L'Eglise ne peut se permettre d'être ce que Christ n'est pas: divisée – 1:13
- ◆ Dieu a construit son Eglise pour être un temple dans lequel habite l'Esprit – 3:16
- ◆ Toute personne qui détruit le temple de Dieu en encourageant la division sera détruite par Dieu – 3:17

En identifiant l'Eglise au nouveau Temple, Paul implique que l'Eglise est faite pour l'adoration et pour être remplie de la présence de Dieu. De même que l'ancien Temple était réservé

Adorer en esprit et en vérité

à l'adoration de Dieu et rempli de la gloire de Dieu à l'heure du sacrifice, de même le nouveau Temple de l'Eglise était construit pour l'adoration et pour être la communauté qui révèle au monde et dans le monde la glorieuse présence de Dieu.

1 Pierre 2:5 développe la métaphore du « temple » comme nous le voyons plus en détails dans *La Gloire dans l'Eglise*. De manière similaire, la prière de Jésus pour l'unité, dans Jean 17, était offerte dans le contexte de l'adoration – à la fête de Pâque, immédiatement après avoir institué le repas du Seigneur et expliqué l'œuvre du Saint-Esprit. De la même manière, le plaidoyer de Paul pour l'unité dans 1 Corinthiens 1 à 3 prépare le terrain pour l'enseignement qu'il va donner au sujet de l'adoration en public, du repas du Seigneur et de l'œuvre du Saint-Esprit dans l'adoration.

Nous devons reconnaître que c'est le désir de Dieu de nous faire passer du point de départ de l'adoration personnelle à notre destinée qui est l'adoration collective. Nous devons coopérer avec sa volonté dans ce domaine. Nous devons aussi apprécier l'importance suprême de l'œuvre de l'Esprit en relation avec l'unité et nous devons faire tout notre possible pour maintenir et développer ce qu'il a fait dans ce domaine. Sans cela, toutes nos tentatives d'adoration inspirée par l'Esprit seront probablement vaines.

Il apporte la communion

L'Esprit ne crée par seulement l'unité, il crée aussi la *koinonia*, ou la communion – qui est l'expression pratique du principe de l'unité.

Nous considérons cet aspect plus à fond dans *La Gloire dans l'Eglise* – où nous voyons que la « communion » biblique signifie littéralement « partage » et qu'elle implique « avoir une participation dans quelque chose », « donner une participation dans quelque chose » et « participer à quelque chose avec quelqu'un ».

2 Corinthiens 13:14 et Philippiens 2:1 mentionnent « la communion du Saint-Esprit ». Cela pourrait signifier « la

Le Saint-Esprit et l'adoration

participation donnée par le Saint-Esprit » ou « partager dans l'Esprit »: ces deux interprétations ne sont pas si éloignées l'une de l'autre qu'il n'y paraît. En effet, l'Esprit donne une part de lui-même à chaque croyant. La communion dont nous jouissons avec les autres croyants est donc basée sur notre participation mutuelle au Saint-Esprit.

Actes 2:42-47 et 4:32-37 sont les meilleures illustrations bibliques de ce partage ou de cette participation créées par l'Esprit. Les nouveaux croyants persévéraient dans la « communion ». Cette participation se manifestait à tel point dans le sacrifice de leurs possessions et le sacrifice de leur joie constante qu'un grand nombre de personnes furent attirées par la foi nouvelle.

Nous pouvons dire que la manière dont les disciples exprimaient leur communion affectait la manière dont ils adoraient et que cette adoration construisait et élevait l'Eglise. Nous retrouvons le même type de partage dans Actes 11:27-30.

L'Esprit nous rend capables d'adorer

Le livre des Actes montre que l'Esprit conduisait les premiers chrétiens dans une extraordinaire profondeur d'adoration. Ils célébraient le repas du Seigneur dans leurs maisons, ils mangeaient ensemble avec une grande joie et ils étaient reconnus par leur louange à Dieu – même lorsqu'ils étaient menacés ou emprisonnés. Actes 2:47 et 3:8-9 montrent que la louange et l'adoration jaillissaient spontanément de l'œuvre de l'Esprit dans leur vie.

Comme nous l'avons vu au chapitre cinq, les croyants participaient à l'adoration formelle du temple, aux réunions informelles dans les maisons, à des services réguliers de la synagogue et à des rencontres organisées en plein-air pour la prière.

Chaque fois que l'auteur des Actes décrit la manière dont les croyants organisaient leur propre adoration (après la séparation d'avec le Judaïsme), il mentionne systématiquement

Adorer en esprit et en vérité

le Saint-Esprit. Par exemple, Actes 4:23-31 rapporte comment l'église s'adonna immédiatement à la prière plutôt qu'à une protestation ou une autre action lorsque Pierre et Jean revinrent avec les instructions du Sanhédrin. Dans leur prière, il s'appuyèrent sur le Psaume 2 et le Saint-Esprit se manifesta avec une puissance inhabituelle au moment de leur prière et de leur adoration.

Dans Actes 13:1-3, avant le premier voyage missionnaire, l'église Antioche était unie dans l'adoration et démontrait son sérieux par le jeûne. C'est dans ce contexte que l'Esprit a révélé sa direction et qu'il a appelé Barnabas et Paul au service. Une fois de plus, nous voyons le principe biblique selon lequel le service pratique suit naturellement l'adoration spirituelle.

Nous retrouvons la même chose dans les lettres de Paul. Par exemple, il montre clairement dans 1 Corinthiens 14:25 que les simples auditeurs ou visiteurs dans un culte de l'Eglise public (où les membres sont ouverts à l'Esprit et lui permettent de parler à travers eux) seront conscients que Dieu est présent et agit dans l'adoration. Nous pouvons aussi dire que le livre de l'Apocalypse est né d'une expérience où Jean a été saisi par l'Esprit au jour du Seigneur, sans aucun doute dans un contexte d'adoration.

Il inspire les Ecritures
L'inspiration des Ecritures par l'Esprit est très liée à la capacité qu'il nous donne pour adorer.

Comme nous l'avons vu dans cette série *Epée de l'Esprit*, les prophètes de l'Ancien Testament proclamaient qu'ils avaient été envoyés et inspirés par l'Esprit de Dieu. Dans Marc 12:36, Jésus reprend à son compte l'inspiration du Saint-Esprit contenue dans le Psaume 110. Actes 1:16; 4:25 et 2 Timothée 3:16 attribuent entièrement l'Ancien Testament à l'œuvre de l'Esprit.

1 Pierre 1:10-12 et 2 Pierre 1:20-21 sont les explications bibliques les plus claires au sujet du processus de l'inspiration. 2 Pierre 1:20-21 utilise une métaphore grecque qui suggère

Le Saint-Esprit et l'adoration

la manière dont un bateau à voile est poussé par le vent. Les prophètes levaient leur « voile » dans l'attente du Saint-Esprit, ils étaient attentifs, réceptifs et obéissants. Puis l'Esprit les remplissait et les poussait dans la direction et vers la destination de son choix.

C'est un exemple classique du type de partenariat avec l'Esprit que nous soulignons dans le livre *Connaître l'Esprit*. L'Esprit coopérait avec les hommes et les femmes oints qui s'abandonnaient à lui. Il ne réprimait pas leur personnalité et leur arrière-plan dans le processus. Il ne les utilisait pas comme des machines à dictée. Au lieu de cela, il murmurait ses pensées dans leur esprit et ils les communiquaient dans leur style distinctif.

Toutefois, les premiers croyants ne considéraient pas seulement l'historique de la manière dont le Saint-Esprit avait inspiré les Ecritures passées. Ils n'utilisaient pas seulement le fruit de cette inspiration passée dans leur louange et leur adoration.

Ils savaient aussi que Jésus leur avait promis le Saint-Esprit. Il leur avait promis que l'Esprit les enseignerait et les conduirait dans toute la vérité. Ils savaient enfin que l'Esprit les avait dirigés depuis le jour de la Pentecôte.

Ainsi l'Esprit qui avait inspiré les prophètes à propos de venue de Jésus inspirait maintenant les premiers chrétiens alors qu'ils témoignaient de Jésus. C'est le point principal qu'enseigne Pierre dans 1 Pierre 1:10-12. Cela explique pourquoi Pierre met les épitres de Paul au même rang que l'Ancien Testament dans 2 Pierre 3:16.

C'est aussi la raison pour laquelle Paul proclame qu'il a la pensée de Christ pour proclamer la Parole de Dieu, pour enseigner les détails donnés par l'Esprit et pour demander que ses lettres soient lues lors de l'adoration publique – 1 Corinthiens 2:13-16; 14:38, Colossiens 4:16 et 1 Thessaloniciens 2:13.

Comme nous le voyons dans *Une Foi vivante* et *Ecouter Dieu*, les Ecritures sont au cœur de chaque domaine de la vie et de la foi. La lecture de la Bible est donc un élément clé de l'adoration privée et publique dans l'église.

Certaines personnes accusent les chrétiens protestants de presque adorer la Bible. Nous ne nous tournons pas vers les Ecritures pour les adorer. Nous nous tournons vers elles parce que l'Esprit qui les a inspirées se rencontre en elles. Nous les lisons pour l'entendre, pour être transformé par lui à la ressemblance de Christ – comme Paul l'explique dans 2 Corinthiens 3:1-18.

L'Esprit construit l'Eglise

Il semble que l'église de Corinthe fût une communauté douée et talentueuse. C'était une église pleine de vie, dynamique, libre, ouverte, confiante et neuve. Pourtant elle courait aussi un grand danger.

D'après la première lettre de Paul qui leur est adressée, il semble qu'ils aient commis deux erreurs. Ils croyaient que les manifestations extraordinaires, et incontrôlées (« extatiques ») étaient la preuve de la présence de l'Esprit. Ils avaient tendance à mettre ceux qui parlaient en langues sur un piédestal par rapport à ceux qui prophétisaient et enseignaient.

En supposant que l'extase – le fait de perdre tout contrôle – était un signe probant de l'inspiration divine, ils niaient le caractère rationnel, personnel et moral du Saint-Esprit. Ils oubliaient qu'il était l'Esprit de Jésus qui lui-même avait toujours gardé le contrôle.

Cet accent mis sur l'extase semble avoir conduit les Corinthiens à conclure que leur comportement ou leur conduite n'avait pas d'importance du moment que cette prétendue marque d'inspiration était avec eux. Cette conception les avait probablement conduits à un « individualisme » excessif (ceux qui n'avaient pas de dons étaient jaloux et ceux qui en avaient étaient orgueilleux) et avait aussi apparemment fragilisé leur interdépendance en causant la division et l'esprit de compétition.

Le Saint-Esprit et l'adoration

Dans sa première lettre à l'église de Corinthe, après avoir réglé les questions de division et d'unité dans le contexte des problèmes posés par l'adoration et le repas du Seigneur, Paul reprend la question au chapitre 12.

1 Corinthiens 12

Tout d'abord, Paul leur rappelle que le langage extatique n'est pas d'origine chrétienne. Ils avaient été « entraînés de manière irrésistible » avant leur conversion lorsqu'ils adoraient les faux dieux et participaient aux fêtes païennes. Il est possible que l'utilisation que Paul fait du mot *apagomenoi* dans 12:2 (« vous vous laissiez entraîner ») signifie qu'ils avaient expérimenté la possession démoniaque, qu'ils étaient « sortis d'eux-mêmes » dans des langages extatiques au moment d'adorer ces idoles muettes.

Il n'est pas facile de savoir à quoi Paul fait allusion dans 12:3. Il se pourrait qu'il compare la louange inspirée par l'Esprit dans les réunions d'église avec les cris inspirés par les démons autour des autels païens. Il pourrait aussi vouloir dire que quelqu'un avait crié « Jésus est maudit » dans une réunion d'église de Corinthe et que cette proclamation avait été acceptée comme étant inspirée du Saint-Esprit. Quelle que soit l'endroit où ce cri avait été poussé, Paul utilise cette occasion ou cet exemple pour nous enseigner une importante leçon.

La marque principale de la présence de l'Esprit dans l'adoration est la confession que « Jésus est Seigneur ». Cela nous montre que le test de base de toute proclamation qui prétend à l'inspiration de l'Esprit consiste à savoir si oui ou non le contenu de cette proclamation est centré sur Christ et l'honore. En disant cela, Paul ne fait que répéter ce qu'il vient de souligner aux chapitres 3 et 4, à savoir que l'Esprit rend témoignage au Jésus historique qui est le Seigneur de tout l'univers et que la marque par excellence de la présence de l'Esprit est la déclaration sans ambigüité de la Seigneurie absolue de Jésus.

Adorer en esprit et en vérité

Dans 1 Corinthiens 12:4-6, Paul met en contraste la variété des dons avec l'unicité du donateur. Il montre qu'un seul Dieu agit de trois manières différentes:

- *Charismata*, les dons de grâce, sont reliés au Saint-Esprit
- *Diakonion*, les actes de service humble, sont associés à Jésus le Fils
- *Energemata*, l'équipement de puissance nécessaire, vient de Dieu le Père

Cela prouve que les dons spirituels que nous recevons sont donnés par le don suprême de la Grâce: ils ne sont pas des choses que l'on possède pour les utiliser à notre guise. Ils ne sont pas des récompenses pour notre bonne conduite. Non, ils sont des outils destinés au *diakonia*, pour le service des autres et suivant le modèle de celui qui a été oint de l'Esprit sans limites et qui était le serviteur de Dieu lavant les pieds de ses disciples.

Lorsque ce service est effectif, lorsqu'il aide les autres, les guérit, les construit, les élève, il n'est pas le fait de notre sainteté ni de nos talents personnels, il est dû *uniquement* au revêtement de puissance donné par Dieu le Père.

Aux versets 7 à 11, Paul développe son argument en disant aux Corinthiens que l'Esprit donne divers dons à chaque membre de l'Eglise et que même si ces dons ont des manifestations diverses, ils servent tous à l'édification commune.

Nous considérons ces dons spirituels en détail dans *Connaître l'Esprit* et *Le Ministère dans l'Esprit*.

Dans ces versets, Paul établit une deuxième vérité complémentaire au sujet du critère de discernement d'une œuvre de l'Esprit. Au verset 3, il montre que nous devons demander:

- Est-ce que la proclamation pointe sur Jésus comme Seigneur de manière indiscutable?

Le Saint-Esprit et l'adoration

Et au verset 7 il montre quelle est la seconde question à poser:

- ◆ Est-ce que cette manifestation est au bénéfice de l'Eglise et constructive pour l'Eglise?

C'est impératif que l'on saisisse que le contenu de la proclamation et les résultats qu'elle engendre dans la communauté du peuple de Dieu sont deux tests majeurs. Ce sont les deux mesures permettant d'apprécier les paroles, proclamations, activités et expériences de quelqu'un dans l'Eglise.

Dans ces versets d'importance cruciale, Paul établit que l'unité de l'Esprit passe par une diversité de dons, chose qu'il explique par la nature et l'œuvre de Dieu. Parce que Dieu est lui-même – « unité dans la diversité » (chose que nous considérons dans *Connaître le Père*), et qu'il s'est révélé lui-même de cette manière par tous ses actes créateurs et salvateurs dans l'histoire, ainsi l'Eglise doit inévitablement exprimer son « unité dans la diversité » divine lorsqu'il est présent et actif.

Il y a un seul Dieu, source de toutes les différentes manifestations d'un seul Esprit dans le corps d'un seul Fils. Ces manifestations sont appelées *energemata* lorsque l'accent est mis sur ce que Dieu fait par sa puissance – comme dans les versets 6 et 10; elles sont appelées *charismata* lorsque l'accent est mis sur les dons de grâce de sa souveraine distribution – comme dans les versets 4, 9 et 28 et ils sont appelés *diakonion* pour nous rappeler que tous les dons et tous les revêtements de puissance de Dieu sont là pour le service des autres.

Le corps

Du verset 12 à la fin du chapitre, Paul utilise la métaphore de l'Eglise en tant que « corps de Christ » pour développer ce qui concerne le but poursuivis par les dons du Saint-Esprit.

C'est Dieu le Père qui nous place dans le corps de Christ et nous donne les dons dont nous avons besoin pour exercer notre fonction désignée – versets 18, 24 et 28. Et c'est l'Esprit Saint qui nous fait membres du corps – verset 13. Paul insiste sur le fait que tous les croyants ont été baptisés dans un seul Esprit dans un seul corps: certains peuvent avoir des dons plus impressionnants que les autres, mais tous ont été immergés dans le Saint-Esprit et tous l'ont reçu en eux.

Le verset 12 est spécialement important. Paul ne dit pas que « de même que le corps est un et a plusieurs membres, et comme tous les membres du corps, malgré leur nombre, ne forment qu'un seul corps, ainsi en est-il *de l'Eglise.* » Au lieu de cela il dit: « ainsi en est-il *de* Christ. »

L'Eglise n'est pas une société humaine – elle est l'incarnation de Jésus. Tout ce que l'Eglise est, tout ce qu'elle fait, est le fait de la puissance, de la présence et de l'activité de Jésus. Il est celui en qui tous les croyants sont incorporés, et c'est la raison pour laquelle l'expression favorite de Paul pour décrire le croyant est de le considérer « en Christ ».

Paul explique aux Corinthiens que si les croyants sont différents, c'est parce que Christ est en eux et qu'ils sont en Christ et qu'ils n'appartiennent pas à l'Eglise mais plutôt à Christ. Il leur montre que leur esprit de division n'affecte pas tant l'harmonie de l'Eglise que Christ personnellement.

Paul cherche ensuite à régler la question de deux tendances dans le corps de Christ. Aux versets 14–20, Paul encourage ceux se sentent comme des membres inférieurs du corps. Il explique que tous les membres sont interdépendants et également importants. Aux versets 21-26 il corrige ceux qui souffrent d'un complexe de supériorité. S'ils méprisent les membres qui ont des dons ou des fonctions moins spectaculaires, tout le corps est appauvri.

Dans ce chapitre, le souci principal de Paul est d'enseigner aux Corinthiens que l'ensemble de l'église est perdant lorsque tous les membres n'ont pas la même opportunité d'apporter la contribution que Dieu leur a donnée pour l'adoration et le service de l'Eglise. Les Corinthiens devaient apprendre qu'ils n'étaient pas des petits « Christ » individuels possédant tous les dons, mais des membres joints à Christ avec certains dons. Aucun croyant n'est inutile et aucun croyant n'est autosuffisant. Nous avons tous besoin les uns des autres dans le corps de Christ.

L'amour
C'est à ce point de son développement que Paul écrit au sujet d'une voie plus excellente, à propos de l'amour *agape*. Pour Paul, l'amour est le plus grand don que l'Esprit peut donner pour enrichir l'adoration de l'Eglise et la construire. En fait, tous les autres dons qui ont de la valeur, langues, prophéties, miracles, connaissance, sagesse, ne peuvent fonctionner efficacement que par cet amour.

L'amour décrit par Paul dans 1 Corinthiens 13 ne peut être fabriqué par des efforts humains. Il ne peut venir que du Saint-Esprit. C'est aussi l'accent mis par Paul dans Romains 5:5.

Tous les dons de l'Esprit sont importants pour l'adoration et le service. Mais il ne peut y avoir de don plus élevé pour l'adoration et le service que l'amour que Paul décrit dans 1 Corinthiens 13 – c'est pourquoi ce chapitre apparaît au milieu de son enseignement sur les dons de l'Esprit. A moins que quelqu'un ne rencontre le Christ vivant et plein d'amour dans la personne d'un chrétien, une prophétie, un miracle ou un message en langues venant de ce même chrétien ne serviront de rien.

Nous pouvons adorer régulièrement, célébrer de manière créative, sacrifier nos biens, servir humblement et louer de manière enthousiaste mais nous n'accomplirons rien qui ait de la valeur à moins d'avoir cet amour effacé de Jésus qui nous motive et nous remplisse afin de nous diriger dans notre adoration/service.

Dans ce très beau chapitre, Paul montre le contraste qui existe entre l'amour de Jésus et les manquements de l'Eglise à Corinthe. Il montre que l'amour de Jésus est à l'opposé de ce que démontraient les Corinthiens:

- ◆ L'orgueil dans l'expérience spirituelle qui les gonflait – verset 4

Adorer en esprit et en vérité

- ◆ L'accent mis sur des dons particuliers qui les rendaient soit orgueilleux soit jaloux – verset 4
- ◆ L'exercice égoïste de dons spéciaux pour une récompense personnelle, ce que Paul désigne par « chercher son propre intérêt » au verset 5.

Les Corinthiens recherchaient ce qui à leurs yeux était l'expérience spirituelle la plus élevée. Mais Paul leur montre une voie encore plus excellente, l'amour de Jésus le Serviteur qui n'était jamais enflé d'orgueil ni égocentrique dans l'exercice de ses dons. Tout ce que faisait Jésus était toujours pour Dieu et toujours pour les autres.

Dans l'ensemble de cette série *Epée de l'Esprit*, nous avons vu de manière constante que le don de soi dans l'amour, dans l'adoration et le service est le chemin de Jésus, le chemin de l'Esprit et, comme Paul le montre aux versets 10 à 13, le chemin de l'Eglise dans le ciel.

Lorsque toute prophétie sera accomplie et tous les dons terrestres utilisés, lorsque la foi sera devenue vue et l'espérance expérience, seul l'amour *agape* restera présent. En ce « dernier jour », le corps éternel et universel de Christ sera finalement uni dans l'adoration l'amour qui se donne – une adoration parfaite et un service dans l'esprit et la vérité auront enfin commencé et ne prendront jamais fin.

L'adoration céleste

Dans ce livre, nous avons vu que la vraie adoration est le cœur éternel de Dieu pour tous les pécheurs. Depuis l'aube des temps, le Père a cherché activement des hommes et des femmes pécheurs qui deviennent son peuple et l'adorent en esprit et en vérité.

Maintenant même, il attire des croyants pour les rassembler essentiellement pour l'adorer. Il continue à nous persuader avec douceur que c'est là sa volonté bonne et parfaite pour nous.

Nous avons considéré les révélations de Proverbes 8 qui

Le Saint-Esprit et l'adoration

semblent nous indiquer que Dieu s'est réjoui en et avec lui-même depuis l'éternité – avant même que son adoration ne déborde dans sa création. Cela semble suggérer que toute la création avait été faite au départ pour se joindre à l'adoration céleste préexistant les choses créées et ainsi faire sa joie de Dieu dans sa présence, pour toujours.

Les Ecritures donnent plusieurs éclairages supplémentaires qui semblent également montrer que le ciel est caractérisé par une vraie adoration et une grande réjouissance. Par exemple :

- ◆ Esaïe 6:1-3 décrit la joie des anges qui est continuelle dans le ciel
- ◆ Ezéchiel 40–47 montre que l'adoration céleste est la destinée du peuple de Dieu
- ◆ Luc 2:13-14 révèle la grande louange des armées célestes
- ◆ Luc 15:7 et 10 montre qu'il y a des réjouissances dans le ciel

Ces aperçus ne sont que de faibles lumières comparées aux descriptions du livre de l'Apocalypse qui montre clairement quels sont les plans de Dieu. Ce livre nous attire ensemble vers un lieu d'adoration totale où nous vivrons ensemble dans sa parfaite présence pour toujours et où nous passerons l'éternité à nous réjouir ensemble en et avec lui. Nous pouvons dire que l'adoration en esprit et en vérité participe à l'adoration céleste et l'anticipe.

L'adoration dans l'Apocalypse

L'adoration céleste est l'arrière-plan et le contexte de toutes les visions du livre de l'Apocalypse. En nous préoccupant exclusivement de comprendre le sens des visions de Jean, nous courons le risque de sous-estimer ce qu'il révèle au sujet de la place et de la priorité de l'adoration céleste.

Apocalypse 4 est la première description donnée par Jean de l'adoration céleste: le verset 2 montre que cette reconnaissance

Adorer en esprit et en vérité

et cette appréciation de l'adoration ne peuvent venir que dans et par l'Esprit, et les versets 8-11 révèlent que tout dans le ciel vit pour adorer Dieu. Il en est de même dans 5:8-14; 7:9-17; 11:15-19 et 15:3-5.

Ces passages importants montrent que l'adoration céleste embrasse les anciens hymnes (15:3) et des chants tous nouveaux (5:9) ; elle se concentre entièrement sur la personne de Dieu (4:8, 11; 5:9, 13; 7:12; 11:17; 15:3 et 16:5); elle célèbre ce que Dieu a fait, ce qu'il est en train de faire et ce qu'il a promis de faire (4:11; 5:9-10, 12, 13; 11:17-18 et 15:4).

En particulier, le livre de l'Apocalypse révèle que l'adoration céleste tourne autour de deux grands thèmes d'adoration:

- ◆ Le chant de la création – Apocalypse 4:11
- ◆ Le chant du salut – Apocalypse 5:9

Ces deux thèmes apparaissent constamment dans les Ecritures et révèlent chacun l'ensemble de la personne et du caractère de Dieu – sa puissance et son amour, sa grâce et sa pureté etc. Parce que Dieu se révèle par ses actes de puissance, nous l'expérimentons pour ce qu'il est lorsque nous l'adorons dans sa présence en tant que Créateur et Sauveur.

La *création* étant le débordement essentiel de l'adoration existant en Dieu lui-même, l'adoration de Dieu en tant que créateur a toujours été au cœur de l'adoration. La création est une preuve visible de la puissance de Dieu, de son caractère unique et sa suprématie. Par la création, le peuple de l'Ancien Testament était capable de reconnaître que Dieu était le seul Dieu et que les autres dieux n'étaient que des idoles sans force.

Les Juifs étaient appelés à adorer un seul Dieu parce qu'ils connaissaient par la création le Dieu unique et cette révélation déterminait leur manière de vivre et de servir. Beaucoup de psaumes célèbrent Dieu en tant que créateur. Ainsi son œuvre créatrice et sa divine créativité, vues de nouveau dans les nouveaux cieux et la nouvelle terre forment un thème majeur de l'adoration céleste.

Le Saint-Esprit et l'adoration

Beaucoup de croyants modernes ne chantent pas le chant de la création et négligent d'adorer Dieu en tant que créateur. Dans leur adoration, ils se concentrent presque entièrement sur l'œuvre de Dieu dans le salut. Mais l'œuvre du Père dans la rédemption est inséparable de son œuvre dans la création (il a le droit de racheter seulement parce que la création lui appartient) et nous ne pouvons apprécier la rédemption correctement sans reconnaître son lien initial avec la création. Nous considérons ces points dans *Connaître le Père*.

Dans l'Ancien Testament, le peuple d'Israël savait que Dieu agissait continuellement pour le sauver de ses ennemis, de la famine, de la maladie etc. Ils savaient que *Yahvé* était leur Sauveur et que leur existence en tant que nation dépendait de ses actes puissants de délivrance. En particulier, leur délivrance de l'esclavage en Egypte était basée sur leur compréhension de Dieu. Le « chant de Moïse » dans Exode 15:1-21 était une expression claire d'adoration pour Dieu en tant que Sauveur – c'est ce cantique dont l'Apocalypse dit qu'il est encore chanté dans le ciel.

Nous savons toutefois que Dieu a opéré pour son peuple un acte de salut encore plus grand que le miracle de la Pâque. A la croix, Jésus est devenu le Sauveur du monde entier, nous a délivrés de l'esclavage du péché et a définitivement battu notre ennemi. C'est devenu le thème d'innombrables chants de salut chantés au cours des siècles et c'est le thème du chant nouveau d'Apocalypse 1:5-6 et 5:9-14.

Personnelle et corporative

Le détail le plus saillant de l'Apocalypse sur l'adoration céleste concerne la présentation constante faite des adorateurs dans le ciel comme étant à la fois tout à fait individuels et pleinement ensemble.

Apocalypse 5:11-13, par exemple, rapporte que « des myriades de myriades et des milliers de milliers » et « toutes les créatures qui sont dans le ciel et sur la terre et sous la terre » sont unis dans une seule expression d'adoration. Ils gardent leur personnalité distincte mais ils ont été amenés par l'Esprit à un point culminant d'unité dans l'adoration.

Il en est de même dans Apocalypse 7:9-10 qui rapporte comment « une grande multitude qui ne pouvait être comptée de toute nation, de toute tribu de tout peuple et de toute langue » se tenaient devant le trône et criaient leur louange à Dieu. Leurs différences individuelles, nationales, tribales et linguistiques étaient encore visibles, mais ils étaient unis dans la louange et l'adoration de Dieu. Ils offrent des louanges et l'adoration qui leur sont personnelles mais qui sont exprimées dans leur unité donnée par l'Esprit.

C'est donc notre destinée – être un adorateur éternel qui soit tout à fait personnel et toutefois pleinement uni avec tous les autres adorateurs. Comme le peuple d'Israël aux jours du premier temple, nous avons été attirés par la grâce de Dieu près de lui. Dans la foi, nous avons entrepris un pèlerinage pour aller à lui, et nous avons découvert que Dieu nous construit ensemble avec d'autres croyants de notre région.

Ensemble avec eux, nous voyageons vers lui, apprenant à adorer et à nous servir les uns les autres, commençant à apprécier notre interdépendance dans le corps, luttant parfois avec les tensions mais travaillant à maintenir l'unité de l'Esprit.

Et ce grand but d'adoration éternelle et céleste dans la présence intime de Dieu est toujours devant nous. Dieu a toujours un grand désir. C'est que nous puissions nous réjouir en lui de la même manière, et aussi intensément que la description donnée par Proverbes 8 de la joie existant entre les personnes de Dieu elles-mêmes.

Le Dieu qui est personnel mais corporatif, un mais plus qu'un nous attire dans une réjouissance éternelle qui est exactement la même, de joie personnelle mais corporative. Dans son immense grâce et miséricorde, le Père recherche encore plus d'hommes et de femmes pécheurs qui seront d'accord de l'adorer en esprit et en vérité et qui jouiront de sa présence glorieuse pour toujours.

www.ingramcontent.com/pod-product-compliance
Lightning Source LLC
Chambersburg PA
CBHW031115080526
44587CB00011B/979